- 河北经贸大学学术著作出版基金资助
- 河北经贸大学长城文化经济带绿色发展研究中心资助
- 河北省社会科学基金项目资助（HB22YJ032）
- 河北经贸大学科学研究与发展计划基金资助（2022ZD06）

电子商务赋能农村产业融合发展研究

胡文岭 著

Research on the Integrated
Development of Rural
Industries Enabled By
E-Business

中国社会科学出版社

图书在版编目（CIP）数据

电子商务赋能农村产业融合发展研究／胡文岭著．—北京：中国社会科学出版社，2023.12
ISBN 978-7-5227-3123-0

Ⅰ.①电… Ⅱ.①胡… Ⅲ.①电子商务—作用—农业产业—产业发展—研究—中国 Ⅳ.①F323

中国国家版本馆 CIP 数据核字（2024）第 041617 号

出 版 人	赵剑英
责任编辑	刘晓红
责任校对	杨　林
责任印制	戴　宽
出　　版	中国社会科学出版社
社　　址	北京鼓楼西大街甲 158 号
邮　　编	100720
网　　址	http://www.csspw.cn
发 行 部	010-84083685
门 市 部	010-84029450
经　　销	新华书店及其他书店
印刷装订	北京君升印刷有限公司
版　　次	2023 年 12 月第 1 版
印　　次	2023 年 12 月第 1 次印刷
开　　本	710×1000　1/16
印　　张	11.75
字　　数	163 千字
定　　价	66.00 元

凡购买中国社会科学出版社图书，如有质量问题请与本社营销中心联系调换
电话：010-84083683
版权所有　侵权必究

前　言

电子商务是数字经济的引领者和重要组成部分，乡村振兴战略、数字乡村建设等国家政策高度重视农村电子商务的发展，在电子商务环境下，中国乡村产业融合发展势头良好，"地头到餐桌"的农业产业链条不断延伸延展，"农工科文旅"多功能产业融合规模不断壮大。电子商务在农村产业融合发展中发挥了什么作用，以及进一步赋能农村产业融合发展的途径和要点是什么，这些都是值得研究的问题。

农村产业融合发展是中国乡村产业振兴的发展方向，电子商务是平台经济的一部分，本书以产业融合理论和平台经济理论为指导，在理论和发展实践研究的基础上，开展电子商务赋能农村产业融合发展机制和路径研究。电子商务和电子商务服务业已发展成为具有跨界资源配置、垂直优化产业链和横向产业集聚的产业组织模式，不断推动传统产业实现互联网转型升级发展。从农村电子商务的案例研究中发现，电子商务可以通过服务产业化和社会化，拓展农产品市场，促进农业产业链整合，促进农村电子商务产业集群的形成，提高农村产业融合程度。从信息技术促进规范化、集成化管理的角度，运用信息系统工程建设的理论和方法，提出电子商务消费型服务引领，农产品生产、加工、物流、金融、科技等生产型服务和基础设施、人才、信息等政府基础型服务一体化发展，形成服务业、加工业、农业相结合的农村产业融合发展模式，从信息管理赋能农业产业主体管理升级的角度，提出广域电子商务赋能农村产业融合发展的参考路径和对策建议。

电子商务作为一种新型商业模式，正在成为推动中国乡村产业振兴的重要手段。《电子商务赋能农村产业融合发展研究》在消费互联网向产业互联网发展的背景下，从产业融合角度分析了电子商务赋能农村产业融合发展的机制、问题及路径建议。通过对电子商务如何赋能中国农村产业融合发展的系统研究，为从事电子商务、农村经济、乡村振兴、数字经济等领域的研究者和工作者提供参考。由于编写时间有限，书中难免有错误之处，恳请读者批评指正。

胡文岭
2023 年 10 月 11 日

目　　录

第一章　绪论 …………………………………………………… 1

　第一节　研究背景和研究目的 ……………………………… 1
　第二节　研究内容和研究方法 ……………………………… 12

第二章　文献综述和理论基础 ………………………………… 21

　第一节　文献综述 …………………………………………… 21
　第二节　理论基础 …………………………………………… 36

第三章　电子商务赋能农村产业融合发展机制 ……………… 52

　第一节　电子商务平台经济 ………………………………… 52
　第二节　电子商务平台经济促进传统产业升级的机理 …… 56
　第三节　电子商务促进农村产业融合发展的机理 ………… 68
　第四节　电子商务平台企业大数据运营模式赋能产业
　　　　　升级案例 …………………………………………… 78

第四章　电子商务赋能农村产业融合发展问题和需求 ……… 87

　第一节　数字经济背景下乡村产业振兴的新契机 ………… 87
　第二节　电子商务赋能农村产业融合发展问题 …………… 95
　第三节　电子商务赋能农村产业融合发展要求 …………… 100

第五章　电子商务赋能农村产业融合发展路径 ……………… 103

　第一节　电子商务赋能农村产业融合发展的基础 ………… 103

第二节 数字经济环境下乡村产业振兴的三大要点 ……… 106
第三节 基于电子商务的农村产业融合系统框架 ………… 108
第四节 基于电子商务平台的订单农业动态联盟融合
 发展模式 …………………………………………… 112
第五节 基于电子商务的农产品供应链模式 ……………… 125
第六节 农业技术远程服务系统平台建设 ………………… 129
第七节 改善农村电子商务发展环境 ……………………… 134
第八节 案例分析 …………………………………………… 136

第六章 研究结论及展望 …………………………………… 156

第一节 研究结论 …………………………………………… 156
第二节 研究不足 …………………………………………… 158
第三节 研究展望 …………………………………………… 159

参考文献 ……………………………………………………… 162

致 谢 ………………………………………………………… 180

第一章 绪 论

第一节 研究背景和研究目的

一 研究背景

农业为人类提供食物保障,为其他产业发展和成长提供市场、原料和劳动力,在现代工业经济和数字经济高速发展的同时,农业如何实现现代化发展是关系到国计民生的问题,也是重要的研究领域。

"十四五"时期是产业升级转型的关键时期,产业转型升级涉及观念、理念、体制、机制、管理等多方面变革的升级和转换,不仅涵盖了生产力的革命,还包括了生产关系的变革。在新兴产业处理与传统企业改造、传统要素的提质和新要素的培育、打破技术壁垒并实现产业化应用,以及处理创新成果与创新质量的关系等问题时,需要采取合适的战略和方法,因此,必须不断提升产业品质和转型能力,持续推进产业升级,才能适应市场的变化和实现跨越式发展。在转型中,电子商务技术等新兴产业与传统产业相结合,带动信息、技术和资金流等资源有效整合,对于促进传统产业升级起到重要的作用[①]。

[①] "电子商务"一词2014年首次出现在中央一号文件中,2015年、2016年,分别出现了3次、5次。

同理，新兴产业与传统农业结合，实现跨越式、质量发展基础上的中国特色农业现代化，是必要的和可行的中国农业转型发展之路。

（一）乡村产业融合发展趋势向好

2015年，《国务院办公厅关于推进农村一二三产业融合发展的指导意见》[①]（以下简称《产业融合意见》），提出推进农村产业融合发展。党的十九大报告[②]中，国务院提出乡村振兴战略，围绕"产业兴旺、生态宜居、乡风文明、治理有效、生活富裕"，先后发布了《中共中央 国务院关于实施乡村振兴战略的意见》[③]（以下简称《振兴战略》）、《乡村振兴战略规划（2018—2022年）》[④]（以下简称《振兴规划》）、《数字乡村发展战略纲要》[⑤]、《国家质量兴农战略规划（2018—2022年）》[⑥]、《中共中央 国务院关于建立健全城乡融合发展体制机制和政策体系的意见》[⑦]（以下简称《城乡融合意见》）以及一系列支持农业产业融合发展的政策文件，争取到2050年实现"农民、农村、农业"三美的愿景。

乡村产业融合发展趋势一切向好，已初步实现多功能、规模化发展，并且农业产业链不断延伸。在国家相关政策的支持下，

[①] 国务院办公厅：《国务院办公厅关于推进农村一二三产业融合发展的指导意见》，中华人民共和国中央人民政府网，http://www.gov.cn/zhengce/content/2016-01/04/content_10549.htm。

[②] 习近平：《决胜全面建成小康社会 夺取新时代中国特色社会主义伟大胜利——在中国共产党第十九次全国代表大会上的报告》，人民出版社2017年版。

[③] 中共中央、国务院：《中共中央 国务院关于实施乡村振兴战略的意见》，新华网，http://www.xinhuanet.com/politics/2018-02/04/c_11223 66449.htm。

[④] 新华社：《乡村振兴战略规划（2018—2022年）》，中华人民共和国中央人民政府网，http://www.gov.cn/zhengce/2018-09/26/content_5325534.htm。

[⑤] 中共中央办公厅和国务院办公厅：《数字乡村发展战略纲要》，中华人民共和国中央人民政府网，http://www.gov.cn/zhengce/2019-05/16/content_5392269.htm。

[⑥] 农业农村部等七部委：《国家质量兴农战略规划（2018—2022年）》，中华人民共和国农业部网站，http://www.moa.gov.cn/gk/ghjh_1/201902/t20190218_6172089.htm。

[⑦] 《中共中央 国务院关于建立健全城乡融合发展体制机制和政策体系的意见》，中华人民共和国人民政府网，http://www.gov.cn/zhengce/2019-05/05/content_5388880.htm。

乡村产业融合发展的环境也得到了长足改善。乡村产业融合发展的三个关键方向和两个融合维度如图1-1所示。可见，农村电子商务作为纵向打造农业全产业链的关键环节，是农村产业融合的重要组成部分。

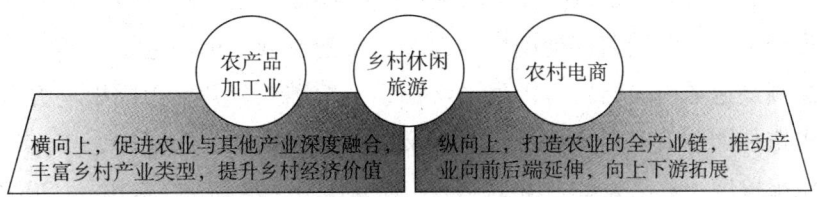

图 1-1　乡村产业融合发展的三个重点方向和两个融合维度

资料来源：《中国乡村振兴产业融合发展报告（2022）》。

（二）农村电子商务是促进农村产业融合的重要手段

在通信不发达的时代，农村和城市之间的信息交流存在着很大的鸿沟。电子商务的兴起，使得信息的传播更加快速、便捷和全面化。随着互联网的发展，不仅城市居民可以直接通过网络购买商品和服务，农民也可以利用网络渠道销售自己的农产品，与城市消费者建立直接联系。这种转变不仅有利于推进城乡一体化发展，还可以有效地促进农村地区的经济增长和农民收入的提高。

电子商务深刻改变着农村的生产生活方式，对农村产生了根本的、巨大的、革命性的影响，中国农村产业转型迎来了历史上的重大机遇。1998—2005年，在网络上先后进行棉花、粮食交易，由此开创了中国农村电商发展的先河；2005年，开始在网上出现了生鲜农产品买卖，2010年以来，以阿里巴巴为代表的消费互联网企业，以消费电子商务形式，极大地促进了城乡之间农产品流通的电商化，2012年开始迅速发展，B2C、C2C、C2B、O2O等各类交易模式逐步形成，全国贫困地区开展的电商扶贫规模不断扩大，显示出了电子商务在中国乡村产业结构转型升级中的重要作用。2015年《产业融合意见》提出，构建农村产业融合发展体系，通过"互联网+"和"创新创业"推进农业生产经营模式转换。《国家质量兴农战略规划（2018—2022年）》指出，促进农村地区电子商务综合示范区建设。《全国农产品加工业与农村一二三产业融合发展规划》[①]显示，2022年，全国农村网络零售额达2.17万亿元，同比增长3.6%，电子商务模式已经成为促进中国农村产业融合的重要手段。

电子商务平台经济在中国基本已经取得了经济社会学合法性[②]。促进中国商业繁荣，推动中国经济的快速发展。中国电子商务交易总额快速增长，已成为国民经济的重要突破点，并且国际影响力显著增强。电子商务平台可以减少交易花费、扩大交易范围、扩充资源配置度，从而发挥"互联网+"对传统产业转型升级作用[③]。2022年，全国范围内统计，社会消费品零售总额达到了439733亿元，相较2021年同期下降0.2%。同时，全国范围内网上零售额达到了137853亿元，同比增长了4%。在其中实物商品的网上零售额达到了119642亿元，同比增长了6.2%，在社会消费品零售总额的占比达到了27.21%。在实物商品中，吃、穿、用的商品销售额分别增长了16.1%、3.5%、5.7%。尤其是吃类商品的网上零售额，仍然保持不低的增长速度[④]。

当前，电子商务在中国的发展仍然面临一些挑战，如不完善的商业体系和营商环境、知识产权问题等。因此，我们需要加强相关法律法规的建立和完善，规范电子商务平台企业的发展，提高电子商务平台的质量和安全性，维护消费者权益，使电子商务平台经济健康发展。

---

① 农业农村部：《全国农产品加工业与农村一二三产业融合发展规划（2016—2020年）》，人民网，http://www.moa.gov.cn/nybgb/2016/shierqi/201711/t20171125_5919538.htm。

② 符平、李敏：《平台经济模式的发展与合法性建构——以武汉市网约车为例》，《社会科学》2019年第1期。经济社会学合法性：包括来自法律法规、政府规制政策等确立的管制合法性；源于职业标准、惯例传统、社会规范和价值观等专业化和社会化过程的规范合法性；以及公众基于对某一事物的理解和认同而形成的认知合法。

③ 施炳展：《互联网与国际贸易——基于双边双向网址链接数据的经验分析》，《经济研究》2016年第5期。

④ 国家统计局网站，http://www.stats.gov.cn/sj/zxfb/202302/t20230203_1901713.html。

（三）中国县域数字乡村发展取得初步成效

随着数字经济的快速发展，中国正在加快数字技术的应用，推动企业的数字化转型，加强数字技术基础设施建设，提升数字经济的发展水平。数字乡村成为国家发展战略的重要组成部分，近年来，中国在加速数字乡村建设进程的过程中，先后推出了一系列政策举措，县域数字乡村蓬勃发展，已经成为数字经济领域中产业和市场利益的重要参与者，为推动数字经济的发展做出了积极的贡献。

《中国联通数字乡村发展白皮书》[①]基于数字乡村发展的特征和趋势，将数字乡村发展划分为1.0/2.0/3.0/4.0阶段，后一阶段在前一阶段的基础上迭代上升，在此过程中，不断产生以新技术、新模式驱动的新形态，发展是从点到线、由线到面、由量变到质变的过程。

首先，各地区城市数字乡村的发展水平存在着差异，"东部发展快，中部第二，北部发展缓慢"。2022年，北京大学新农村发展研究院和阿里研究院发布了《县域数字乡村指数（2020）研究报告》[②]，据统计，在2020年，数字乡村指数为55，同比增长了6%，西部、中部、东部、东北地区的数字乡村指数增速分别为6.0%、5.4%、5.4%、4.7%，呈现出逐渐趋于均衡的趋势。县域数字乡村发展水平较高的浙江、江苏、福建、山东、河南，对应的指数分别是83、70、69、66、66，其中浙江省发展水平最高。内蒙古、西藏、宁夏、甘肃和河北增长速度最快，同比增长率依次为11%、10%、10%、9%和7%。其次，县域乡村数字基础设施和乡村数字化治理发展较快。与2019年相比，2020年，乡村治理数字化、乡村数字基础设施、乡村生活数字化和乡村经济数字化四个主要数字

[①] 中国联合通信网络有限公司：《中国联通数字乡村发展白皮书2.0》，https://www.digitalelite.cn/h-nd-5529.html。

[②] 北京大学新农村发展研究院、阿里研究院：《县域数字乡村指数（2020）研究报告》，http://www.360doc.com/content/22/0606/16/766703_1034793220.shtml。

乡村指数的增长率分别为 15%、5%、5% 和 4%。但是，地区和村庄之间数字基础设施的差异仍然存在，仍需要加强基础设施的建设和平等化，尤其需要关注那些发展缓慢的县份，脱贫摘帽县也需要加大投入，提出更加切实可行、符合实际情况的解决方案，实现数字乡村的可持续发展。

数字乡村建设能够为农民带来更多便利，同时有利于实现智慧农业和可持续发展的目标。然而中国乡村地区的数字化建设方兴未艾，仍存在着一系列问题和挑战，数字乡村的各个领域发展还不够充分，区域之间的发展存在不平衡的情况，数字乡村试点项目的推广也存在困难，需要进一步完善数字乡村体制和机制建设。

（四）互联网平台企业助力乡村振兴战略社会价值逐渐显现

在中国社会科学院社会学研究所与腾讯 2022 年联合发布的《互联网助力乡村振兴战略社会价值研究报告》[①] 中，将 47 个乡村振兴项目作为研究对象，这些项目来自腾讯、阿里巴巴以及字节跳动等 12 家头部互联网企业，通过分析新闻报道和网民互动等舆论数据以及网络问卷调查，分行业和企业两个不同的层面，构建了一套完整可行的乡村振兴战略中互联网的社会价值评价指标体系。数据显示，从 2018 年至 2021 年，互联网企业乡村振兴的新项目中，公司级项目比例超过 40%，期限超过一年的项目占比达到 89%，其中覆盖村庄数量超过一万项目近 50%。这些企业已经在农业数字化、产业标准化、人才培养和组织构建等多个方面进行了资金投入，直接资金投入亿级以上项目的比例约为 46%。拼多多、腾讯、京东、阿里巴巴和美团公司是乡村振兴项目实践受众认知度位居前五的企业。各种数据表明，乡村振兴战略已经成为互联网企业战略中的重要一部分，越来越多的企业正在重视乡村振兴，并致力于全面布局业务，并以更加具有针对性和系统化的方式进行投资。

---

① 中国社会科学院社会学研究所、腾讯为村发展实验室、腾讯数字舆情部：《互联网助力乡村振兴战略社会价值研究报告》，互联网数据资讯网，http：//www.199it.com/archives/tag/互联网助力乡村振兴战略社会价值研究。

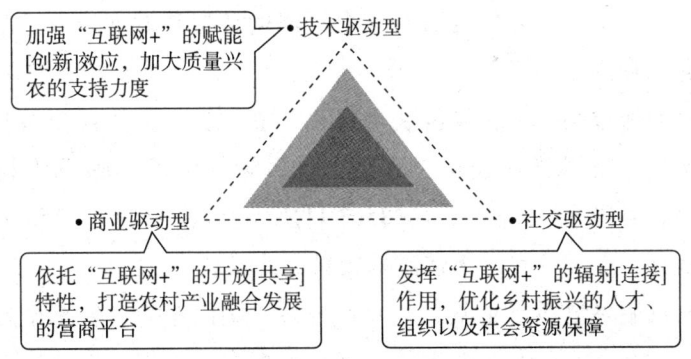

图 1-2 互联网公司参与乡村振兴的模式

资料来源：中国社会科学院社会学研究所、腾讯为村发展实验室、腾讯数字舆情部：《互联网助力乡村振兴战略社会价值研究报告》。

互联网公司在乡村振兴战略实践中已形成了多种模式。第一，以京东为代表的企业属于技术驱动型，已经推出多个面向农业的业务板块，包括京东农牧、京东数字农贷、京东农场以及京东农业云等，以此为贫困地区提供农业技术支持。京东通过产业互联网的方式，实现了乡村产业数字化和智能化，以提升农产品的质量和产量，促进农业的可持续发展，且帮助农民增加收入，改善乡村经济。这些业务板块与京东平台结合紧密，形成了完整的供应链生态系统，为实现乡村振兴作出了积极的贡献。第二，阿里巴巴、拼多多等企业属于商业驱动型，将农业生产与市场需求无缝衔接。它们搭建了农产品销售公共服务平台，推动了农产品仓储物流体系的完善，从农产品收获到分级、包装、营销等关键环节为农业发展提供支持。这些企业以提升农产品的质量和产量为目标，在农业领域中发挥着重要作用。第三，随着互联网技术的不断推进，社交驱动型企业如腾讯、新浪等具备了在农村地区建立生态互动平台的能力，以连接更多社会资源，为农村经济发展注入活力。这些企业发挥其互联网平台的优势，探索创新的方式，提供面向乡村的孵化、管理、服务和文化交流平台，促进产业转型和升级，提高农村人才培养和孵化的水平,以期为农村社会经济的转型和发展作出贡献。此外,它们在提供社交驱动型服务的同时,也会逐渐吸引更多的用户,进而通过网络平台经济实现可持续的发展,为乡村振兴提供支持。例如,腾讯投入技术、产品、服务等创建了"腾讯为村"项目,已有来自30个省份、16285个村庄(社区)和超过253万村民注册认证。这类项目大大促进了农村经济发展。

乡村振兴包括产业振兴、人才振兴、文化振兴、生态振兴和组织振兴五个方面,产业振兴是实现乡村振兴的前提。近年来,互联网企业在乡村振兴中扮演了重要角色,在乡村振兴的各个方面都有涉及,然而,在不同方面的投入程度存在差异,对乡村产业振兴的投入最高,占比高达57%。互联网行业通过生产、流通到消费全流程的投入,"从地头到餐桌"为乡村产业赋能,为其带来了新的发展机遇。在生产领域,这些互联网企业投资建设了大数据中心、智慧农业产业园、智慧农场等基础设施,推动了农业生产的信息化、智能化和生态化改造,实现了更加高效、精细的农业生产方式。在流通方面,互联网平台成为推广乡村特色产业及其产品的重要渠道,通过图片、视频和在线直播等方式吸引消费者,提高了消费者购买决策的能力。这种推广方式不仅打破了传统的销售模式,也推进了农产品品牌化的进程,出现了众多销售额超过百亿元的项目。

(五)高端生产要素逐渐成为农业发展的重要资源

相比于传统"人、财、地",高端要素"数据、信息、知识、技术"在农业发展中的地位逐渐提高。中国农业本时期的主要特点之一是:"知识、信息逐渐成为农业发展的重要资源。"[①] 信息化为中国经济发展注入了强大的推动力量,也推动了居民对农产品消费需求的提升。但是,当前农业产业信息化程度相对较低,仍然面临着产业规模小、链条短、品牌杂等问题。同时,许多农民仍然生活

---

① 根据农业部软科学委员会课题组《中国农业发展新阶段》研究,中国农业的发展可以分为三个阶段。在第一阶段,增加传统投资的数量。在第二阶段,优化传统投资、资本和技术的整合。第三阶段是资本、技术和信息集中于现代农业发展。

在村庄里，在高端要素供给方面，他们需要得到更多的关注和支持。为了促进农业产业的发展，我们应当致力于创新农业生产方式，推动农业科技应用，加强农产品质量监管等，还需要为农民提供更好的公共信息和科技服务、更加完善的社会保障①，让这一部分农民在数字经济时代的农业转型升级中合理分享发展红利。

二 研究意义

20世纪90年代，中国开始探讨农村第一、第二、第三产业融合的概念，这为农业产业化的开拓提供了新的契机。发展农业产业化是中国农业产业发展的一个重要阶段，经过近年来的研究和实践，农业产业化的内涵不断丰富，应用范围也在不断扩大。在农村产业融合的推进中，农业产业化得以进一步发展，成为其高阶段和"升级版本"②。通过农业产业化，农民可以更好地将种植、养殖等农业生产与产品的加工、销售等业态相结合，实现产业链的延伸和完善，提高整体效益和竞争力。此外，农业产业化还可以促进农村经济结构调整和优化，推动城乡一体化，促进乡村振兴等发展目标的实现。因此，农业产业化发展越来越重要，需要结合实际情况，采取适当的政策措施，推进其发展，实现农村产业融合和农业现代化的深入发展。2015年，中国对于农村第一、第二、第三产业融合发展提出相关定义（以下简称"农村产业融合发展"），为中国农业产业化经营这个老问题赋予了新的含义。当前已经出台的相关国家政策和学者观点一致肯定了农村产业融合发展的一些关键要素，包括"土地等自然资源、知识、技术和信息资源""龙头企业发展""工商资本投入""紧密型利益联结机制""智慧农业和涉农电子商务等新业态"等，然而，依据产业融合理论，不同产业融合的发生和发展需要通用技术和通用机制的支撑，打破产业间壁垒，从而促

---

① 新电商研究院：《农村电商发展趋势报告》，人民网，http://country.people.com.cn/n1/2019/1016/c419842-31403869.html。

② 国家发展改革委宏观院和农经司课题组：《推进我国农村一二三产业融合发展问题研究》，《经济研究参考》2016年第4期。

进乡村振兴。唯有充分发掘各类资源要素的潜力，实现跨界集约化配置，加长和拓宽农业产业链，才能够实现农村第一、第二、第三产业的联动发展，进一步提升产业集聚效应，并实现技术的扩散和体制的创新，有力地促进农村地区的可持续发展，提高农业生产的效率和质量，实现乡村振兴的目标。因此，研究农村产业跨界融通发展机制是推动农村产业融合发展尤为关键的问题，是需要进一步探索的一个重要领域。

2019年，国务院办公厅发布的《关于促进平台经济规范健康发展的指导意见》指出："互联网平台经济是生产力新的组织方式，是经济发展新动能，对优化资源配置、促进跨界融通发展等都有重要作用。"其中首次出现了平台经济的概念，连续两年被写进政府工作报告。

平台经济和农村产业融合具有共同的宏观发展背景，在微观层面两者都具有"优化资源配置、跨界融通发展"的核心需求，前者为后者提供了新发展的机遇，后者为前者提供了新的应用空间。从平台经济的产业组织功能层面，可以把平台经济作为融通农村第一、第二、第三产业的通用机制进行研究。诸多学者对涉农电子商务和信息化平台发展现象的规范研究，证明了互联网平台经济对传统农村产业具有很强的渗透性，但是，在现有的研究框架下，还没有形成平台经济理论与农村产业融合发展的系统化研究成果：①对平台经济发展带来的产业概念的变化缺乏重新定位。②对平台经济如何实现农村产业跨界融通发展的机理研究不够。③对平台经济集聚涉农要素和优化要素配置的动力机制和路径缺乏深入系统研究。

产业融合发展是未来要实现的重要任务。目前，产业互联网发展迅速，"产业互联网+农业"也逐渐兴起，在构建新型城乡关系的过程中，电子商务是新一代信息技术的应用的重要形式，也是实现农村流通现代化的重要手段，电子商务新经济对传统农业产生的影响也值得探究。在电子商务环境下，电子商务新经济对传统农业产生了什么样的影响，影响机制是什么，如何发展现代农村产业融合,这些是值得进一步研究的问题。其中,在如何实现农村产业融合方面,既需要充分发挥电子商务的优势,又需要重视传统农业的特色和优势,同时更需要结合实际情况制定具体的发展策略。对此,可以从经济效益、社会影响、理念变革等多个方向进行深入研究,以期掌握其影响机制并提出具体的应对方案。综上所述,通过深入研究如何实现现代农村产业融合,可以进一步推动"产业互联网+农业"发展,促进城乡融合,提高农村现代化水平。

研究在电子商务新环境下农村产业融合的新发展是有实践意义的,以信息化引领农业高质量发展的背景下,探索中国电子商务平台经济业态和农村产业融合发展机制、发展问题和发展路径,以期促进农村产业融合和农业信息化、现代化发展,促进数字乡村建设,为早日实现乡村振兴的总目标作出有益的理论探讨。

三 研究目的

在当今信息社会向智能社会转型的时代,传统产业的信息化和智能化转型发展是不可逆转的大趋势,电子商务作为一种新型商业模式,在农村产业融合发展中发挥着越来越重要的作用。基于信息化和智能化转型的视角,研究电子商务赋能农村产业融合发展的机制、路径和发展对策。机制方面包括:产业链主体间的信息联结机制,发挥电子商务服务平台和智能化技术的应用机制,以促进跨界要素集聚和农业产业链加宽延长;路径方面包括:基于电子商务的农产品产销模式创新、农村市场网络建设和构建数字农业生态系统,推动电子商务与现代物流、金融、科技等要素的融合,促进产业链内的价值转移和升级,引领农村产业融合发展;对策方面包括:改善农村电商基础设施和物流体系,提高农产品市场准入门槛和质量标准,加大政策和资金支持力度,培育专业的农产品经纪人等,助力农村产业融合发展。

提出的机制、路径和对策,为电子商务赋能农村产业融合发展提供思路和方向,促进城乡一体化,促进实现乡村产业振兴。预期提出电子商务平台经济的农村产业融合发展研究框架和电子商务赋能农村产业融合发展的机制和路径,期望能对平台经济与中国农业产业结构转型升级理论研究有所借鉴,期望本书对农业之外的其他产业与电子商务融合发展研究,或者对电子商务和其他国家不同模式的农业产业融合发展有所启示。

第二节 研究内容和研究方法

一 研究内容

对电子商务、产业融合、农业产业化、农业产业链、农村产业融合和六次产业进行概念界定,并总体阐述研究内容。

(一)概念界定

1. 电子商务

1996年,IBM公司首次提出了"电子商务"(Electronic Commerce)的概念,旨在将传统贸易过程中的各个阶段电子化。随后在1997年,该公司又提出了"电子商业"(Electronic Business)的概念,强调以网络为平台,通过电子化手段实现整个商务流程管理。具体而言,E-Commerce是电子商务的狭义定义,主要涵盖顾客与服务提供者或商家之间的商务往来;相对而言,E-Business则更为广义,主要包括电子化手段下企业内部业务的电子化管理和外部业务与顾客、合作伙伴以及供应商等之间电子化联络的综合应用。此外,E-Business还涵盖了更广泛的电子化管理与交流,如电子政务、电子化金融、网上教育等。总体而言,E-Commerce和E-Business作为电子商务相关的重要概念,对推动企业管理的信息化、提高市场运作的效率、加速社会数字化转型具有重要意义,除了包括顾客与商家的关系,也包括生产商、原料生产商和政府部门之间的商业往来。可以说,E-Business是所有电子化商业关系的总称。因此E-Business包括E-Commerce,它是business的电子化。本书中的电子商务是指广义的E-Business。

第一章
绪 论

1997年底，在温哥华召开的第五次亚太经合组织非正式首脑会议（APEC）上，克林顿总统呼吁各国共同推进电子商务的发展，这一发言引起了全球领导人的广泛关注。为倡导电子商务的进一步发展，国际资讯科技巨头 IBM、HP 和 Sun 等宣布 1998 年为电子商务年。

电子商务的概念一直在不断地发展中。联合国欧洲经济委员会简化国际贸易程序工作组（Working Group of the United Nations Economic Commission for Europe on the Simplification of International Trade Procedures）定义电子商务是一种通过 EDI、Web 技术和电子邮件等电子工具，实现商务流程电子化的方式。具体而言，电子商务是在企业内部业务和企业与外部客户、供应商、合作伙伴以及政府等参与方之间共享非结构化商务信息的一种形式，旨在通过多种电子化手段来管理和完成商务以及消费活动中的各种交易。在电子商务中，通过电子工具的运用，企业可以更加高效地运作、更加灵活地应对市场变化和客户需求，同时也提高了企业在跨境贸易、供应链管理等方面的变现能力。此外，电子商务还为消费者提供了更加便利的购物体验，使得传统零售业正在被颠覆和重构。总而言之，电子商务作为现代商业活动的重要形式，具有极其广泛的应用价值和发展空间。因此，深入研究电子商务的定义、特点和影响因素，对于推动企业实现数字化转型和引领社会数字化发展具有积极意义。

根据交易对象的不同，电子商务可分为多种类型。当前电子商务已经成为商业领域中一种普遍存在的商业模式，其中包括企业之间的 B2B 电子商务、企业对消费者的 B2C 电子商务、企业向政府的 B2G 电子商务、消费者向政府的 C2G 电子商务、消费者之间的 C2C 电子商务以及企业、消费者、代理商之间相互转化的 ABC 电子商务等多个类型[1]。通过 EDI、Web 技术和电子邮件等电子工具的应用，

---

[1] ABC（=Agent、Business、Consumer）模式是新型电子商务模式的一种，被誉为继阿里巴巴 B2B 模式、京东商城 B2C 模式以及淘宝 C2C 模式之后电子商务界的第四大模式。它是由代理商、商家和消费者共同搭建的集生产、经营、消费为一体的电子商务平台。三者之间可以转化，相互服务，相互支持，形成一个利益共同体。

电子商务为企业和消费者之间提供了更加高效灵活的政策环境，使得商务活动的流程可以电子化、信息可以共享，也促使商业体系向数字化转型。电子商务的快速发展为企业和消费者提供了更为便捷的服务，极大程度降低了商业运作成本。除此之外，电子商务为消费者提供了优质的购物体验，方便地完成购物、支付，并且在售后服务中得到更加完善的支持，也促使商业模式的不断创新。总之，电子商务已成为商业领域内不可忽视的快速发展趋势。不同类型的电子商务的发展与应用，涉及广大企业和消费者的切身利益和实际需求，值得进一步关注和深入研究。当前，消费者主导的全新C2B2S商业模式和以供需方为目标的新型P2D电子商务，已成为广泛应用的模式。在C2B2S模式中，消费者利用其消费行为作为交易的核心，主导了供应方与需求方之间的交易过程。而在P2D模式中，则是以供需方为目标，为其提供一种全新的电子商务模式，使其能够更加高效地完成供需双方之间的交易。C2B2S模式的核心在于消费者，其消费行为成为商业交易中的主要推动力，挑选商品、评估服务、转化商机，并在此过程中不断创新和优化商业模式，从而完成有效的商业合作，实现消费者和商家价值共创。而P2D模式的核心在于供需方的匹配，通过对供需方的智能分析和匹配，以达到高效优化的交易过程。这种新型电子商务模式在实践中具有广泛的应用前景。总体来看，消费者主导和以供需方为目标的新型电子商务，这两种新型电子商务模式的创新和优化，为商业体系的数字化转型和商业模式的不断改进，提供了更大的空间和前景①。

　　电子商务和"互联网+"两者有着显著的区别。电子商务是指利用互联网技术开展商业活动的一种模式，它是电子商务运作模式的具体体现。而"互联网+"则代表了一种全新的经济形态，其核

---

① P2D（=Provide to Demand）是一种全新的、涵盖范围更广泛的电子商务模式，强调的是供应方和需求方的多重身份，即在特定的电子商务平台中，每个参与个体的供应面和需求面都能得到充分满足，充分体现特定环境下的供给端报酬递增和需求端报酬递增。

心是依托互联网信息技术实现互联网和传统产业的融合,通过优化生产要素、更新业务体系以及重构商业模式等方式来实现经济的转型和升级。"互联网+"经济模式的特点在于其不断探寻新的经营模式和商业模式,在改变传统经济运营方式的同时,提高传统产业运营的效率和竞争力。利用互联网形成的开放、便利、高效的商业交易平台,是"互联网+"模式实施的重要手段,其独特的优势在于提升了整个社会的信息联通效率,以及快速实现商贸活动的效率。

总之,"电子商务"和"互联网+"两者体现了经济发展的具体方式和新型形态,提高了传统经济的发展水平和效率,将对未来的经济趋势产生重要影响。因此,政府应当面对这些新的商业模式和新的社会需求作出积极的回应,推进互联网信息技术的创新与发展,以应对当前快速变化的商业环境和未来的竞争挑战。以尊重人性、开放、创新为理念,实现跨界融合,重塑原有的社会结构、经济结构、地缘结构、文化结构;电子商务可以说是融合的手段和驱动因素,"互联网+"是融合的结果。电子商务的概念范畴存在于交易活动中,不包括企业内部的互联网化,但是按照产业融合组织理论,电子商务带来的冲击会引起企业市场行为的改变,从而影响企业内部经营策略。

2. 产业融合

20世纪70年代,随着信息技术的发展和信息技术服务功能的推进,产业之间的技术关联逐渐加深,造成产业边界收缩或者消失形成产业融合现象。1997年,欧盟委员会提出"产业融合是技术、产业、服务和市场三个层次的融合"[1]。与此同时,学者认为,产业融合是高新技术及其产业作用于传统产业,逐步形成新产业或新的增长点的动态发展过程[2][3],从不同角度对产业融合进行了分类,将

---

[1] European Commission, "Green Paper on the Convergence of Telecommunications, Media and Information Technology Sectorsand the Implication for Regulation", 1997.
[2] 卢东斌:《产业融合:提升传统产业的有效途径》,《经济工作导刊》2001年第6期。
[3] 厉无畏、王振:《中国产业发展前沿问题》,上海人民出版社2003年版。

产业融合分为高新技术的渗透融合、产业间的延伸融合、产业内部的重组融合，以及全新产业取代传统产业的替代融合等多个方面，按照融合程度则可以分为完全融合、部分融合和虚假融合，从融合方向上可以分为横向融合、纵向融合和混合融合，按照融合形式分为产业渗透、产业交叉和产业重组，此外，还可以从市场角度分为技术融合和产品融合①。

3. 农业产业化

20世纪50年代，美国哈佛大学的John M. Davis和Roy A. Goldberg开创了农业产业化研究的先河，提出了农业综合企业（Agribusiness），简称农工综合体的概念，是指农业的生产、加工、运输和销售环节的有机结合。因此，农业产业化被学术界认为最早产生于美国。

其后，对农业综合企业这一微观主体的研究内容出现了两个方向：一是研究农业产业化中的企业间协作问题的农业综合企业经济学（agribusiness economics）。二是研究企业内协调和激励问题的农业综合企业管理学（agribusiness management）②。前者的理论包括商品体系、产业组织、管理结构、合约理论、供应链管理理论和网络绩效等，即产供销的纵向一体化、横向协作研究；后者包括企业混合经营、技术效率、企业战略、组织设计等管理方面的理论，即产品链企业管理决策研究。

学者对"农业产业化"的内涵进行了多方面的阐述和界定。陈吉元认为"农业产业化以国内外市场为导向，以提高经济效益为中心，以资源开发为基础，通过产供销、种养加、贸工农、经科教一体化的经营方式，实现多层次、多元化的优化组合，发展各具特色的龙头型产业实体或体系，形成区域化布局、社会化服务、产业化

---

① 国家发展改革委宏观院和农经司课题组：《推进我国农村一二三产业融合发展问题研究》，《经济研究参考》2016年第4期。

② 郭建宇：《农业产业化研究的国际比较：一个文献综述》，《生产力研究》2007年第8期。

生产、一体化经营和企业化管理"①；牛若峰把"农业产业化经营"定义为"以市场为导向，以农户为基础，以龙头企业为依托，以经济效益为中心，以系列化服务为手段，通过种养加、产供销、农工商一体经营等方式，将产前、产中、产后诸环节联结为一个完整的产业系统，以实现农业从分散小生产向社会化大生产的转变"②；王国才认为"农业产业化以市场为导向，立足本地资源优势，确立主导产业和支柱产品，实行区域化布局、一体化生产、社会化服务、企业化管理，形成由市场带头企业和基地组成的生产经营新格局"③。

对农业产业化内涵的界定，虽然还没有建立统一的定义，但是大多数学者的共识是：为广泛接受的农业产业化内涵应该包括：布局区域化、服务社会化、产品市场化、生产专业化、经营一体化、管理企业化。农业产业化的实质是农业的纵向一体化④，是现代农业和竞争农业的必然选择。其推进过程意味着对农业与非农产业、农村与城市经济之间关系的重大调整，改变了原有的交易方式、交易规则、力量对比和利益分配⑤。

4. 农村产业融合和六次产业

农村产业融合是农村第一、第二、第三产业融合的简称⑥，其本质属于产业融合。发改委农经司课题组认为"农村产业融合发展"是一个发展过程，即是以农业为基础，新型经营主体为引领，利益联结为纽带，通过产业链延伸、产业功能拓展、要素集聚、技

---

① 陈吉元：《关于农业产业化的几点看法》，《浙江学刊》1996年第5期。
② 牛若峰：《中国农业产业化经营的发展特点与方向》，《中国农村经济》2002年第5期。
③ 王国才：《供应链管理与农业产业链关系初探》，《科学学与科学技术管理》2003年第4期。
④ 黄祖辉：《中国农民合作组织发展的若干理论与实践问题》，《中国农村经济》2008年第11期。
⑤ 郑炎成等：《工商资本投资农业的经典溯源及其实践》，《社会科学动态》2018年第9期。
⑥ 本书中农村产业融合的全称是：农村第一、第二、第三产业融合。

术渗透及组织制度创新等手段,实现资本、技术和资源跨界集约配置,促进农业生产、农产品加工流通、农资生产销售和休闲旅游等服务的有机整合,推动各产业协调发展和农业竞争力的提升,最终实现农业现代化、农村繁荣和农民增收的过程①。该模式是在信息化大环境下提出的新型农业产业化。

农村产业融合是农业产业化的新发展②。21世纪以来,现代信息技术快速发展和广泛应用促使市场形态发生了变化,不断诞生新产业和新业态。目前,中国处于工业化中后期阶段,新一轮信息技术革命为农村产业融合发展提供了技术条件;在农业领域,农业产业化龙头企业的发展促进了第一、第二、第三产业融合,随着农业"四化"③推进,涉农新型经营主体参与农村产业融合能力明显提高,这为农村产业融合发展提供了良好的组织基础④,居民食品消费结构升级和农业开放力度加大,为农村产业融合发展创造了巨大市场空间,对农业发展方式向三产融合发展转变提出了更高的要求。2015年,国务院办公厅提出"推进农村产业融合发展是拓宽农民增收渠道、构建现代农业产业体系的重要举措,是加快转变农业发展方式、探索中国特色农业现代化道路的必然要求"⑤。因此,本书将重点探讨信息化如何推动农村产业融合发展的问题。

1996年,日本学者今村奈良臣提出"六次产业"⑥的概念,鼓

---

① 国家发展改革委宏观院和农经司课题组:《推进我国农村一二三产业融合发展问题研究》,《经济研究参考》2016年第4期。
② 见本书第一章绪论第二节研究内容中关于两者关系的论述。
③ 信息化、专业化、规模化、集约化。关于"四化"的关系,应当以信息化带动专业化、规模化、集约化的发展,但是,目前农业信息化发展相对滞后,这也正是本书要重点探讨的问题。
④ 国家发展改革委宏观院和农经司课题组:《推进我国农村一二三产业融合发展问题研究》,《经济研究参考》2016年第4期。
⑤ 国务院办公厅:《国务院办公厅关于推进农村一二三产业融合发展的指导意见》,中华人民共和国中央人民政府网,http://www.gov.cn/zhengce/content/2016-01/04/content_10549.htm。
⑥ 今村奈良臣:《第一次産業を発展させた「6次産業」の提唱者として知られる》。"第一产+第二产+第三产=六次产业"或"第一产*第二产*第三产=六次产业"。

励农户搞多种经营，不仅从事种养业，而且从事农产品加工和农产品流通、销售及观光旅游等第二、第三产业，提升农产品附加值和农民收入。"六次产业"的中心在于农户从事多种经营，推进与农业相关的第一、第二、第三产业融合发展。农村产业融合与六次产业的内涵一脉相承，但是它是2015年在中国电子商务极大发展的环境下提出的，发展的环境有了非常大的变化，因此其内涵更加丰富，其发展的技术基础更加现代化。

5. 农业产业链

产业链是产业经济学中的一个概念，是各个产业部门之间基于一定的技术经济关联，并依据特定的逻辑关系和时空布局关系客观形成的链条式关联关系形态，包含价值链、企业链、供需链和空间链四个维度[①]。

农业产业化是纵向农业产业融合路径，构建纵向一体化的农业产业链是最终目标形态中的其中一种。农村产业融合是在此基础上的横向拓宽，农业功能拓展到观光旅游、智慧农业、工厂化农业等。在当前发展实践中，农村产业融合呈现出纵横并存的两维融合路径，最终将构成块状的农业产业链。

(二) 研究范围

六次产业和产业化经营的研究成果非常丰富。从当前的发展实践来看，无论是从范围上还是深度上，电子商务对传统产业的影响是巨大的，在研究传统意义上的六次产业或农业产业化基础上，把电子商务与农村产业融合的互动关系这一侧面，作为主要研究内容，在理论和实践基础上，抽象和总结出电子商务和一般传统产业融合的普遍机制，进一步探讨电子商务赋能农村产业融合的机制，根据当前中国农村产业融合发展需求，提出现代农村产业化发展结构，并探讨发展存在的问题和发展现代农村产业化的路径。

二 研究方法

首先，本书在发展实践的客观基础上，使用文献研究和案例研

---

① 王凯、韩纪琴：《农业产业链管理初探》，《中国农村经济》2002年第5期。

究的方法，收集政府文献和专业学术文献，通过归纳和抽象，试图找到电子商务与传统产业融合的一般规律，并用简洁的方式，科学描述出具有一般普适性的机制，不但能描述电子商务与农村产业的融合，而且能对电子商务与农业之外产业融合的发展研究有所借鉴，这是本书的理论价值。此阶段的研究是由"具体"现实到理论"抽象"的过程。

其次，在以上抽象机制的基础上，应用产业互联网相关理论和信息系统工程建设理论，运用演绎法展开研究，阐述在消费互联网和新兴的产业互联网环境下的农村产业融合如何发展，面临的关键发展问题，提出解决问题的对策和路径，试图对在这一融合过程中的主要发展主体分别提出具体路径及建议，包括：对互联网平台企业的发展提出方向，对政府的相关职能作出阐释，对农村产业化龙头企业的管理和经营提出信息化路径和建议，这是本书的现实意义。此阶段的研究是一个由"抽象"到更高一层次的"具体"的过程。

第二章
文献综述和理论基础

第一节 文献综述

产业化经营理论及其实践旨在通过构建产业链,将分散的小农组织整合起来,实现规模化生产。对理顺农业与非农产业之间关系发挥了积极作用,农业市场化运作、规模化经营、专业化分工程度大为提高,但是也遇到了发展瓶颈,国内外学者运用各种理论和研究方法,对农业产业化经营进行了多方位的研究,取得了丰硕的研究成果,促进了各国应用实践的发展;中国近期提出的农村产业融合发展,是农业产业化经营基础上的新发展阶段,构建新型农业产业链是其发展的核心内容;在当前电子商务环境下,有关电子商务与农村产业融合的研究正处于起步阶段,需要进一步研究电子商务服务业态和农村产业融合及其农业产业链整合的有关发展问题。

一 农业产业化

(一) 国外对农业产业化的研究

国外学者从微观领域对农业产业化进行了广泛的研究,采用合约理论、组织研究理论、信息理论、新制度经济学和发展经济学等分析工具。研究了信息不完全、道德风险等农业产业化的合约问题,在信息不对称时,营销组织实现交易的可行措施;从宏观角度看，基于新制度经济学和信息理论，分析发展中国家农村的市场和非市场制度安排，采用前向后向生产关联理论和消费关联理论，进行农村的农业与非农部门关联研究，也考察农村非农企业的经济规模和结构特征，以及农村结构转变①。国外的经济学研究方法除了逻辑严密的理论分析外，还采用计量经济学模型定量分析、比较法等实证分析，进行了秘鲁农业产业化与制度创新、非洲东部、南部和拉美的订单农业、小型业主和农业加工企业等案例研究②。

（二）中国农业产业化产生背景和发展现状

20世纪50年代以来，中国的农业结构是城乡二元结构③。1978年以后，中国农村先后启动了家庭联产承包责任制和农副产品市场化两项重要的改革。家庭联产承包责任制极大地调动了微观经济主体（农户家庭）的积极性，促进了农业生产的发展；农村加工业迅速发展，农村第二、第三产业遵循"以工补农、建农、带农"原则与一产相结合，农副产品市场化逐步使90%以上农副产品实现了市场交换。但是，出现了新的矛盾——"小农户、大市场"的矛盾④。农业产业化就是在这一背景下诞生的一项制度性创新。

中国的农业产业化始于20世纪90年代。在国内第一次明确提出"农业产业化经营"这个概念的是山东省，1993年初，山东省在总结了诸城市、寿光市和高密市等本国经验的基础上，又考察日本农协、法国农业联合体、美国垂直一体化农业公司等国外现代化农业，形成了《关于按产业化组织发展农业的初步设想与建议》的报告，之后政策和理论界，从多方面展开实践探索和理论研究，包括：农业产业化内涵、实质、理论依据、实践依据、发展模式、制

---

① T. Reardon, C. Barrett, "Agroindustrialization, Globalization, and International Development: An Overview of Issues, Patterns, and Determinants", *Agricultural Economics*, 2000, 195-205.

② 郭建宇：《农业产业化研究的国际比较：一个文献综述》，《生产力研究》2007年第8期。

③ 农业生产环节在农村，加工和流通环节在城市。

④ "小农户、大市场"的矛盾是指分散的家庭经营与社会化大市场的矛盾。

第二章 文献综述和理论基础

度供给等,最终形成"农业产业化经营理论",并为社会广泛认同。1996年2月,由国家体改委和农业部在黑龙江省召开了全国第一次农业产业化经营会议。

20世纪90年代以来,制度创新理论、规模经济理论、交易费用理论、专业化分工理论等被用于中国的农业产业化研究中。国内的农业产业化研究方法实际是从规范研究到实证研究的发展,早期的文献多是关于农业产业化概念、发展模式、运行中存在的问题及其对于中国农业发展的战略意义与作用等,同时也有许多调查报告、案例分析。主要观点有:生秀东等认为"农业产业化经营理论"倡导通过打通、加长、加粗农业产业链的方式,让分散的小农户抱团取暖并"挂"上产业链和龙头企业,增强农业从业者参与市场交易和专业化分工能力,降低农户买与卖的市场交易成本[1][2]。周立群和曹利群认为让更多农产品加工、流通等增值环节的经济附加值留在农业产业内部,而非直接流向城市工商产业,增加农业部门和农村经济的价值总量[3]。马宇等学者提出在保护农民利益要求下,允许外来的和农村自生的工商企业参与农业产业链整合[4]。在组织模式方面,周立群和曹利群认为产业化经营组织联结着愈来愈多的农户,这不仅仅是生产经营方式的转变,而且是产业组织形式的演变[5]。根据研究方法将农业产业化的研究分为三大类:规范经验式的政策研究、基于产业组织视角的分析、运用新制度经济学方法进

---

[1] 郑炎成等:《工商资本投资农业的经典溯源及其实践》,《社会科学动态》2018年第9期。

[2] 生秀东:《农业产业化:一个理论假说及其政策含义》,《中州学刊》1998年第5期。

[3] 周立群、曹利群:《农村经济组织形态的演变与创新——山东省莱阳市农业产业化调查报告》,《经济研究》2001年第1期。

[4] 马宇等:《我国农业中的外商投资及政策建议》,《中国农村经济》1997年第1期。

[5] 周立群、曹利群:《农村经济组织形态的演变与创新——山东省莱阳市农业产业化调查报告》,《经济研究》2001年第1期。

行的研究①②。

　　随着认识的深化,理论分析的逻辑性加强,直到20世纪90年代末期,出现了运用计量经济模型进行定量分析的文献:林万龙和张莉琴基于农业上市公司对农业产业化龙头企业政府财税补贴政策效率进行了研究③;郭红东和蒋文华根据对浙江省农户的调查定量分析影响农户参与专业合作经济组织行为的因素④;孔祥智和郭艳芹对23个省份农民合作经济组织进行调查,探讨合作经济组织的基本状况、组织管理及政府作用⑤;左停和徐秀丽为了评价产业发展政策的实施效果,对内蒙古自治区奶农收益获取途径及其贫困影响进行了分析;等等⑥。

　　在中国长期发展中,"农业产业化经营理论"及其实践发挥了积极的作用。这一理论的实践成果促进了中国农业的发展,同时进一步顺了农业与非农产业之间的关系。通过农业市场化运作、规模化经营、专业化分工程度的提高等措施,农业产业化经营获得了相应的建设性成果。龙头企业的进入,实质性地改变了资源要素配置方式,为非农(工商)资本、企业家精神、专业化分工、现代企业制度等元素进入农业产业打开了通道⑦。尤其是,农业产业化经营的实践为农村地区带来了新的就业机会、增加了农民收入、降低了社会成本。通过引导农业企业实现质量、效益和竞争力的提高,

---

　① 赵德余、顾海英:《从规范经验主义到制度主义——农业产业化研究的文献回顾及研究方法的评论》,《学术月刊》2005年第3期。
　② 生秀东:《20世纪90年代农业产业化研究的理论进展》,《中州学刊》2001年第6期。
　③ 林万龙、张莉琴:《农业产业化龙头企业政府财税补贴政策效率:基于农业上市公司的案例研究》,《中国农村经济》2004年第10期。
　④ 郭红东、蒋文华:《影响农户参与专业合作经济组织行为的因素分析》,《经济研究参考》2004年第63期。
　⑤ 孔祥智、郭艳芹:《现阶段农民合作经济组织的基本状况、组织管理及政府作用——23省农民合作经济组织调查报告》,《农业经济问题》2006年第1期。
　⑥ 左停、徐秀丽:《奶农收益获取途径及其贫困影响分析——内蒙古自治区某地奶牛发展政策的实证研究》,《农业经济问题》2006年第3期。
　⑦ 姜春云:《中国农业实践概论》,人民出版社、中国农业出版社2000年版。

农业产业化经营不仅加快了农业现代化发展,也提高了农民的生活质量。随着中国农业经济的快速发展,新型农业产业化经营方式的进一步发展和推广已经成为乡村振兴战略的重要组成部分。未来,政府相关部门应当优化现行的农业产业化政策,鼓励龙头企业加强与农民的合作,加强技术支持和培训,引导农业产业向着规模化、网络化、集约化和生态化方向发展。在此基础上,更加有序地推进农业现代化,实现农业可持续发展和农民的脱贫致富[①]。

(三)产业化经营组织研究及发展现状

农业纵向一体化过程中,产业化经营组织的创新是农业产业化的支撑。产业组织的建构及各主体的相互关系的处理是农业产业化经营的关键,有效的组织可以降低交易风险和交易费用,相反,低效的组织管理会严重阻碍农业产业化的发展。

"农业产业化经营理论"试图通过产业链将分散小农组织起来实现大生产,但是因为缺乏健全的利益保障机制,没有得到大多数农户的持久响应[②]。问题主要是由于制度和农业特有的市场风险和自然风险,使参与产业化经营的各主体在产权界定、利益分割、经营目标等方面很难形成稳定的合作关系及持久机制,农户利益不能得到保证[③]。周立群、曹利群、黄祖辉等提出在合作组织中引入股权因素,建立紧密利益联结机制,以提高交易框架的有效性,即交易规则的稳定性和实现交易的完整性,保障农民利益[④][⑤]。

2017年,中央一号文件首次提出了"培育新型农业经营主体"的政策,旨在通过制度创新和市场机制的运用,促进农村土地流转

[①] "农业产业化经营模式研究"课题组:《野力模式:农业产业化的新探索——工商企业进入农业领域的研究报告》,《中国农村经济》2000年第2期。
[②] 李明刚:《我国农业产业化契约稳定性分析》,《经济体制改革》2007年第3期。
[③] 范龙昌、范永忠:《农业产业化过程中农户利益的保障机制研究——基于"公司+农户"经营模式的分析》,《改革与战略》2011年第8期。
[④] 周立群、曹利群:《农村经济组织形态的演变与创新——山东省莱阳市农业产业化调查报告》,《经济研究》2001年第1期。
[⑤] 黄祖辉:《中国农民合作组织发展的若干理论与实践问题》,《中国农村经济》2008年第11期。

和资源优化配置，从而培育包括农业大户、家庭农场、合作经济组织和现代农业企业等规模化、专业化、市场化的农业微观新型经营主体，为中国农业产业打造适应市场经济和后工业化时期农业发展的微观经营组织。关于培育新型农业经营主体的研究已经展开，主要包括必要性、突破点和相关措施等方面。针对必要性，学者主要聚焦于建立市场化的土地流转和利益联结机制，以及提高农业生产效率。同时，通过农村产权制度改革和金融扶持，加强新型农业经营主体的财务稳定性。针对突破点，研究者主要探讨了农业政策的可持续性、财务风险管理、农业技术创新和市场营销等方面。在相关措施方面，政策研究者提出了多项政策建议，如加强培训和科技支持、改革土地承包制度、支持农业企业化和提高农业高新技术产业化水平等。尽管新型农业经营主体的培育面临着诸多困难，如土地流转和农村产权制度改革的问题，以及既有政策环境的挑战，但是建立规模化、专业化、市场化的农业经营组织已成为农业现代化和产业转型升级的重要方向。

2019年，农业农村部指出，随着农业产业化的发展，龙头企业以标准、品牌和资本优势为基础，与农民合作社、家庭农场和广大农户合作共同发展，龙头企业典型的组织形式是"农业产业化联合体"，其利益联结机制主要以契约型、分红型和股权型，促进了小农户与现代农业的有效衔接，已成为乡村产业振兴的生力军，带动了农村地区的经济发展。针对这一问题，政府应加强融资等政策创新，着力破解培养新型农业经营主体的难点问题。此外，学界还需要加强实证研究，量化新型农业经营主体的贡献，并探讨如何建立健全的评价体系，以保证政策实施的有效性。

通过龙头企业与农民合作社、家庭农场、广大农户合作共同发展，形成了现代农业发展的"雁阵"体系，带动着乡村产业振兴。面对农村产业化发展的新形势，龙头企业需要从多个方面加强自身建设，深化合作发展，健全利益联结机制并提高农产品质量；同时农村地区应积极营造有利于龙头企业和农民的创新、发展与合作的政策环境，推进农村产业化的深入推进①。

二 农村产业融合

中国农村三产融合发展经历了三个历史阶段，即农工商联合经营、农业产业化经营、农村产业融合发展②。农村产业融合发展要培育新产品、新技术和新业态，并促进生态、旅游、文化、科技和教育等新功能的诞生③。更多地采用股份合作制等"紧密型利益联结机制"，带动农民参与到产业融合的进程中，经营主体④类型更多，相互之间的关系更为复杂；龙头企业和工商资本对农村产业融合的引领带动作用更加突出⑤。马晓河提出，根据国内外发展的实践经验，农村产业融合发展指的是以农业为基本依托，通过产业联动、产业集聚、技术渗透、体制创新等方式，实现资源整合，技术和资源构成要素跨界分配，有机地整合农业生产、农产品加工和销售、餐饮、休闲以及其他服务业⑥，促进农业产业链的扩张和产业范围的扩大，对增加农民收入起到积极作用。

随着时间的推移，农村产业新动能的转换正在加速。此外，农业还与信息、旅游、文化、教育、康养、饮食等行业融合程度越来越高，融合发展模式也越来越多样化，从利益联结机制和产业链价值分配方式多样化，有高新技术对农业的渗透型融合、农业内部子产业之间的整合型融合、农业与服务业之间的交叉型融合、综合型融合四大类型⑦。实现农村经济高质量发展，必须通过

---

① 农业农村部：《农业产业化加快转型升级发挥乡村产业领头雁作用》，中华人民共和国中央人民政府网，https://www.gov.cn/xinwen/2019-07/08/content_5407150.htm。
② 万宝瑞：《我国农业三产融合沿革及其现实意义》，《农业经济问题》2019年第8期。
③ 新业态是指循环农业、休闲农业、创意农业、智慧农业、工厂化农业、乡村旅游、农村电子商务等。
④ 参与农村产业融合的经营主体包括：普通农户、专业大户、家庭农场、农民合作社、龙头企业、工商资本等多元经营主体。
⑤ 国家发展改革委宏观院和农经司课题组：《推进我国农村一二三产业融合发展问题研究》，《经济研究参考》2016年第4期。
⑥ 马晓河：《推进农村一二三产业深度融合发展》，《中国合作经济》2015年第2期。
⑦ 梁伟军、王昕坤：《农业产业融合——农业成长的摇篮》，《北京农业》2013年第32期。

促进农村第一、第二、第三产业的整合、推进和结构调整来实现这个目标①②。在这个过程中，必须以产业链的扩张、产业板块的扩张和产业行动的转变为特征，实现产业发展方式的转变。在当前经济环境下，随着科技的不断创新和商业的不断进步，新技术、新业态和新商业模式正在逐渐改变着农村经济的发展模式。这种变化不仅带来了机遇，同时也孕育着挑战。为了有效应对这种变化，需要在资源、要素、技术和市场需求等方面进行重新整合、优化和重组。

三 农业产业链整合

国内研究成果多从农业产业链内涵、内容、形成动因等角度着手，对农业产业链组织的运行机制进行深入研究。研究理论沿袭了经典理论框架，包括：产业组织理论、交易费用理论、企业能力理论等③。产业组织理论的经典 SCP（Structure-Conduct-Performance）范式认为，企业进行产业链整合行为是为了获得能够影响价格的市场势力④，市场势力也与企业或行业所处的市场结构有关⑤。交易费用理论则强调，实行产业链整合的动机即在于节约交易成本⑥。企业能力理论认为通过产业链整合，企业打造核心能力有助于获得理查德租金或垄断利润⑦，但是，一旦企业需要对核心能力进行调整或创新，原有核心能力所表现出来的刚性特征，反而会成为企业持

---

① 万宝瑞：《我国农业三产融合沿革及其现实意义》，《农业经济问题》2019 年第 8 期。
② 姜长云：《推进农村一二三产业融合发展　新题应有新解法》，《中国发展观察》2015 年第 2 期。
③ 芮明杰、刘明宇：《产业链整合理论述评》，《产业经济研究》2006 年第 3 期。
④ Scott, J. T., "Purposive Diversification as a Motive for Merger", *International Journal of Industrial Organization*, 1989, 35-47.
⑤ Bhuyan, S., "Does Vertical Integration Effect Market Power? Evidence from U. S. Food Manufacturing Industries", *Journal of Agricultural and Applied Economics*, 2005, pp. 263-276.
⑥ Williamson, O., "The Modern Corporation: Origins, Evolution, Attributes", *Journal of Economic Literature*, 1981, 1537-1568.
⑦ Prahalad, C. K., Hamel, G., "The Core Competence of The Cooperation", *Harvard Business Review*, 1990, pp. 79-91.

第二章
文献综述和理论基础

续发展的障碍①，同时企业所处的内外部环境也在快速发生变化，知识②、资本③、信息技术④等因素也会对企业的产业链整合行为产生重要影响；作为重要节点的企业，可从价值、知识和创新等层面对产业链进行整合，占据及跨越产业链中的结构洞，实现产业链的价值最大化，进而获得快速成长⑤。传统理论的分析方法和观点尚未形成产业链整合理论的统一分析框架⑥。

互联网+农业产业链的研究一般是嵌入互联网+农村产业融合的研究中的。农村产业融合延长和拓宽农业产业链。通过纵向融合延长了农业产业链，使农业产业从农产品生产领域延伸到加工、流通服务等第二、第三产业领域，拓展纵向增值空间；通过横向融合拓宽农业产业链，使农业产业从单一的农业渗入到旅游服务、高新技术等产业领域，拓展横向增值空间，最终形成块状产业链⑦⑧。研究成果主要指出了"互联网+"促进农业产业链重构和要素集聚的作用，同时还指出，新一代信息技术对产业划分的重要影响等其他几个方面。

李杰义和周丹丹研究了电子商务促进农业产业链整合的模式⑨，

---

① 王冬冬：《战略变革中的核心刚性研究——以柯达公司为例》，《科学学与科学技术管理》2013年第5期。
② 芮明杰、刘明宇：《网络状产业链的知识整合研究》，《中国工业经济》2006年第1期。
③ 程宏伟等：《资本与知识驱动的产业链整合研究——以攀钢钒钛产业链为例》，《中国工业经济》2008年第3期。
④ 曾楚宏、王斌：《产业链整合、机制调整与信息化驱动》，《改革》2010年第10期。
⑤ 汪建等：《产业链整合、结构洞与企业成长——以比亚迪和腾讯公司为例》，《科学学与科学技术管理》2013年第11期。
⑥ 李世杰、李倩：《产业链整合视角下电商平台企业的成长机理——来自市场渠道变革的新证据》，《中国流通经济》2019年第9期。
⑦ 梁伟军、王昕坤：《农业产业融合——农业成长的摇篮》，《北京农业》2013年第32期。
⑧ 《国务院办公厅关于推进农村一二三产业融合发展的指导意见》（国办发〔2015〕93号），http://www.gov.cn/zhengce/content/2016-01/04/content_10549.htm。
⑨ 李杰义、周丹丹：《电子商务促进农业产业链价值整合的模式选择》，《农村经济》2016年第12期。

刘丽伟和高中理提出，信息技术融通产业链物流、资金流和信息流形成农业互联网生态圈①。李国英提出了"互联网+"精准化生产和"互联网+"农村电商流通的中国现代农业产业链模式②。魏晓蓓和王淼提出"智慧农业+主导企业"与"农村电商+农户聚集化"两种全产业链融合模式③，和"销售+生产"组成的农村电商聚集化模式④。韩旭提出了产业共生发展平台为基础的农业产业组织模式⑤，是指由某类产业资本或产业龙头企业发起的，由产业链中相关行业企业参与的，覆盖生产物资供应、生产、销售、运输、加工一条龙服务的网络服务平台，该类平台的目标在于构建闭环产业链。通过产业龙头企业、电商平台、产业共生发展平台等主导力量的整合，中介功能减弱，中介费用降低，农产品生产者与农产品经营者、消费者直接对接的机会增加，产业链中各主体和环节之间衔接更加密切，合作关系更加规范，产业链整体的经营效率和抗风险能力提高。刘丽伟和高中理指出，"互联网+"嵌入并作用于农业产业链各环节，以融通整个产业链的物质、资金和信息流的方式⑥，逐渐打造出农业互联网生态圈，从而使产业链形成共生、互利、共赢的良好局面。

中国的"互联网+农业"，是农业产业化和农业信息化的结合体，是二者逐步统一的发展过程，本质上是"工业化+'信息化+农业'"。农业产业链中各环节之间及时、准确、通畅的信息共

---

① 刘丽伟、高中理：《"互联网+"促进农业经济发展方式转变的路径研究——基于农业产业链视角》，《世界农业》2015年第12期。
② 李国英：《"互联网+"背景下我国现代农业产业链及商业模式解构》，《农村经济》2015年第9期。
③ 魏晓蓓、王淼：《"互联网+"背景下全产业链模式助推农业产业升级》，《山东社会科学》2018年第10期。
④ 魏晓蓓、王淼：《乡村振兴战略中农村电商聚集化"2+"模式研究》，《山东大学学报》（哲学社会科学版）2018年第6期。
⑤ 韩旭：《"互联网+"农业组织模式及运行机制研究》，博士学位论文，中国农业大学，2017年。
⑥ 刘丽伟、高中理：《"互联网+"促进农业经济发展方式转变的路径研究——基于农业产业链视角》，《世界农业》2015年第12期。

享成为提高产业链管理及协作水平的关键,农业产业链信息管理系统具有明显的优势,它可以通过精准和及时的市场信息反向对农业产业链的各环节提出相应需求,产业链各参与者针对环节中所涉及的需求问题,通过分工、协作等方式,对产品进行改进,最终向市场提供所需求的产品。加快农村产业融合,农业产业链的科技水平和创新能力也需要得到改善,使其可以集约、节约和可持续发展。

四 农村电子商务

(一)农村电子商务研究

目前,学术界对农村电商模式的基本特征、管理策略、动力因素、市场机制、发展战略、形成及演进机理进行定性研究。凌红从微观经济学供给需求模型的角度提出了新的农村电子商务发展模式[1],沈玲和李利军[2]、金勇和王柯[3]将农村电商分为电商企业推动模式、传统农村物流企业推动模式、传统供销企业与现代物流企业合作三种主体推动模式,杨振玲和程巍总结了浙江省义乌青岩电商产业集群不同发展阶段的特征[4],汪向东分析了沙集模式典型案例中电子商务对于农村产业主体经营效率的正向影响[5]。

(二)农业电子商务研究

国内农业电子商务重点研究农业行业特点、电子商务对农业的作用、农业电子商务发展制约因素、发展对策、发展模式、平

---

[1] 凌红:《网络经济视角下农村电商发展模式分析》,《商业经济研究》2017年第3期。
[2] 沈玲、李利军:《多主体推动下农村电商发展模式比较及趋势探讨》,《商业经济研究》2017年第10期。
[3] 金勇、王柯:《基于复杂科学管理的农村电商模式创新及策略》,《江苏农业科学》2019年第15期。
[4] 杨振玲、程巍:《锦州滨海电子商务产业园发展策略》,《沈阳大学学报》(社会科学版)2017年第1期。
[5] 汪向东:《农村经济社会转型的新模式——以沙集电子商务为例》,《工程研究——跨学科视野中的工程》2013年第2期。

台实施与技术应用。基于农业本质特点①,强调农业电子商务是实现农业信息化、产业化、现代化重要途径,通过提供信息服务降低农业交易成本、提升交易效率、拓宽销售渠道,改变农产品流通,促进特色农业产业、农村经济发展,但是,存在发展制约因素②,提出了发展对策③。这些研究达成了共识:通过电子商务信息系统,构建产销两端信息通道,减少物流流通环节,构建扁平化流通体系,降低交易成本,实现组织化、社会化农业管理体系。

五 "互联网+"与农村产业融合

平台经济代表着一种全新的经济形态。徐晋等诸多学者研究了互联网平台经济可以导致或促成双方或多方客户之间的交易④。理论研究中,常将平台经济等同于双边或多边市场,靠网络外部性聚合⑤。涉农平台是联结涉农双边市场的中介型平台,是基于信息网络和数字技术的一种商业模式⑥,整合集成农业供给端资源要素,使需求者和农业生产者直接对接,提供各项服务,拓展农业产业化经营空间,是蕴藏在长尾市场中的新经济形态⑦。

产业融合的产生和发展需要有一种产业间可以通用的技术基础作为融合的推动力,电子商务作为平台经济的重要形式,本身属于

---

① 农业本质特点包括:农产品交易成本高、流通环节多且交易效率低、标准化程度低,农民文化素质低,农业生产地域性、季节性强,农业无计划盲目生产、产中无服务、产后缺少销售渠道。

② 农村经济发展的制约因素包括:农业特点、基础设施、农业龙头企业、农民信息素养、农业信息化基础薄弱、信用体系不完善、农产品标准化建设体系不完善等。

③ 农村经济发展对策包括:农业龙头企业构建,强调政府主导、农业产业化龙头企业推动、农业信息化基础设施建设、农业电子商务环境优化及农产品标准化体系、物流配送体系、提高农业电子商务网站质量。

④ 徐晋、张祥建:《平台经济学初探》,《中国工业经济》2006年第5期。

⑤ Caillaud, B. and Jullien, B., "Chicken & Egg: Competition among Intermediation Service Providers", *Rand Journal of Economics*, 2003, pp. 309-328.

⑥ 蔡柏良:《平台经济视野下的商业模式创新与企业发展》,《商业经济研究》2016年第16期。

⑦ 芦千文:《农业产业化龙头企业发展涉农平台经济的作用、问题和对策》,《农业经济与管理》2018年第3期。

第二章
文献综述和理论基础

服务业（第三产业），它已经渗透到所有传统产业（工业、农业和服务业）的发展之中，已经形成了电子商务平台经济业态，平台经济业态具有跨界融通发展和多源要素集聚的作用，作为促进农村产业融合发展的通用基础和内在驱动力，"互联网+农村"就是融合的一种外在表现形式。

目前，专门研究电子商务和农村第一、第二、第三产业融合的文献并不多，陈运平等提出通过智能系统共享传输信息和产业融合系统，实现农业产业生产、流通、服务三个环节的纵向互通和第一、第二、第三产业的有机融合的横向互联[①]。马秋颖和王秀东认为"互联网+"农业六次产业化是通过现代互联网、物联网、大数据、云计算等技术层面的支撑，发生在农业与第二、第三产业边界处和交叉处的技术融合，并分析了其机理和机制[②]，互联网与六次产业进行有机融合的实质是传统产业链部分环节解构，与互联网产业价值链中若干价值创造环节融合共生、重组的过程，也是产业链各经营主体在互联网服务环境下，在原有的价值创造机制上，对自身价值进行全新的价值再创造的过程。张来武认为以传统的产业划分理论来指导农业的创新创业，无法从根本上解决中国的"三农"问题，并超前性地提出了基于人工智能和区块链技术的六次产业的理论框架[③]，互联网+六次产业利用信息技术可实现精准农业，在推进农业生产效率、流通效率、资源配置等方面有明显效果，互联网的快速发展，从"空间、时间、成本、安全、个性化"五个角度全面改变农产品消费市场。

关于电子商务和农村产业融合的作用机制研究比较少，更多的还是在"互联网+"农业的研究范围之下，把电子商务当作一种新

---

① 陈运平等：《基于系统基模的"互联网+"驱动传统农业创新发展路径研究》，《管理评论》2019年第6期。
② 马秋颖、王秀东：《"互联网+"对农业六次产业化发展的影响及推进策略》，《农业展望》2016年第10期。
③ 张来武：《以六次产业理论引领创新创业》，《中国软科学》2016年第1期。

型农产品营销渠道来论述。农业产业平台、全产业链模式、农业互联网生态、农村电商聚集化模式和互联网+六次产业等的研究成果，为本研究提供坚实的研究基础，具有重要的借鉴意义。

六 数字经济与乡村产业振兴

2021年10月18日，习近平总书记在主持十九届中央政治局第三十四次集体学习时提出：数字经济作为改造提升传统产业的支点，可以成为构建现代化经济体系的重要引擎。《全国乡村产业发展规划（2020—2025）》提出，以农村产业融合发展为路径，培育发展新动能，以融合和创新驱动农业农村现代化。数字经济要成为赋能乡村产业振兴的重要引擎，需要基于新要素研究新机制和新路径。

国内外乡村产业发展要素研究主要集中于"人、财、地"三个角度，党的十九届四中全会首次将"数据"增列为第七种生产要素，数据是数字经济的关键生产要素，数据生产要素可以优化要素配置、促进社会精细化管理，在政府和市场共同作用下通过数字平台组织形式，数据和"劳动、资本、土地、知识、技术、管理"要素结合，共同形成数字经济新要素配置。

数字经济助推乡村产业振兴，为解决乡村产业振兴问题赋予了新的技术支撑。①数据作为新生产要素正在融入乡村产业中，农村电子政务、电子商务和智慧普惠金融等持续发展积累了大量自然资源数据、政务数据和商务数据，但是数据孤岛现象严重，一些学者正在研究构建农业大数据平台实现数据融合[1][2]。②众多学者提出基于农业产业平台构建农业全产业链[3][4][5]，用大数据辅助决策。目

---

[1] 周国民：《我国农业大数据应用进展综述》，《农业大数据学报》2019年第1期。
[2] 姜侯等：《农业大数据研究与应用》，《农业大数据学报》2019年第1期。
[3] 芦千文：《农业产业化龙头企业发展涉农平台经济的作用、问题和对策》，《农业经济与管理》2018年第3期。
[4] 陈富桥、凌晨：《茶叶全产业链大数据中心功能设计与开发进展》，《农业大数据学报》2021年第2期。
[5] 蒋锐等：《油料（油菜、花生）全产业链大数据的建设》，《农业大数据学报》2021年第2期。

前，全国在建设过程中农业全产业链重点链大概在几十个，但是存在数据赋能集中于产业链的末端，产业平台数据协同难的问题①。③中国各省份数字农业高质量发展水平存在差异②，需要研究数据优化乡村要素配置的技术和应用机制，通过共享化、数字化的方式来提高资源配置效率，提高乡村产业要素之间的整体性③，进一步夯实乡村数字生产力基础，优化生产关系运行，发展智能农业向农业4.0迈进④。④数字经济扶贫经验，电商平台扶贫和数字经济助力脱贫攻坚的案例和模式，可以作为本课题的经验借鉴。

综上所述，在以上研究基础上还需要从数字经济优化要素配置的角度，进一步研究数字经济赋能乡村产业振兴的要素配置机制和动能机制，构建生态模型进行路径解析，以数字乡村建设和农村三产融合发展为抓手研究可行路径。①数字经济下乡村产业要素市场化配置的技术和社会机制；②数字经济赋能乡村产业振兴综合动能机制和数字经济下乡村生产经营体系；③系统总结数字经济助力脱贫攻坚经验，研究利用数字经济新要素配置的经济倍增效应和数字经济动能机制赋能乡村产业振兴的机制和路径。

七 国际经验

其他国家实现农业现代化的发展主要有大农业和小农业两条关键路径。一是20世纪50年代，以美国为代表的大型农业一体化的组织形式，包括完全纵向一体化公司、不完全的纵向一体化合同制

---

① 王雅君：《创新驱动要素重组：乡村产业振兴的路径》，《中共杭州市委党校学报》2020年第5期。

② 张鸿等：《乡村振兴背景下中国数字农业高质量发展水平测度——基于2015—2019年全国31个省市数据的分析》，《陕西师范大学学报》（哲学社会科学版）2021年第3期。

③ 安晓明：《新时代乡村产业振兴的战略取向、实践问题与应对》，《西部论坛》2020年第6期。

④ 李道亮：《敢问水产养殖路在何方？智慧渔场是发展方向》，《中国农村科技》2018年第1期。

联合企业、一体化农业合作社三种①；二是以日韩为代表的东亚小农业，包括以工商业资本为主体的垂直一体化和以农协为主体的平行一体化经营模式。

美国和日韩的模式均不适用于中国分散、细小的小农户为主体的现状②。另外，日本等国家发展农业产业融合是在工业化后期，中国工业化尚未完成，市场经济建设也在逐步完善中。但是，中国具有较为发达的电子商务服务系统和电商生态系统，应以信息资源和电子商务技术为有利基础和条件，进一步探索农村产业融合的具体实现方式，带动农村产业融合和产业结构升级。需要探索在电子商务环境下，如何重构农业产业链，培育信息化农业产业组织，完善利益联结机制，构建信息化服务体系，引导和支持农村产业融合公共平台、基础设施和服务组织的建设，完善人才培养培训机制、优化农村产业融合支持政策体系。

在推进农村产业融合进程中，中国应该充分考虑各个地区经济发展实际，以及资源、技术、资本等方面的比较优势，在充分依据和尊重各国农村经济发展实际情况的基础上，探索适合中国国情的农村产业融合发展路径。

第二节　理论基础

研究在电子商务环境下的农村产业融合，需要依据产业融合理论和平台经济理论分析电子商务平台经济促进农村产业融合的机制，依据产业集聚区域经济理论研究农村产业融合的农村区域产业要素集聚，依据产业互联网条件下形成的虚拟产业集聚理论研究信

---

① 柴彭颐、周洁红：《发达国家农业产业化经营的经验及对我国的启示》，《浙江学刊》1999年第1期。
② 人民网新电商研究院：《农村电商发展趋势报告》，2019年10月16日，http://country.people.com.cn/n1/2019/1016/c419842-31403869.html。

息化农业产业要素集聚,依据供应链动态联盟理论研究信息化农业产业组织的培育,依据业务流程重组理论,研究农业产业组织内部的信息化、精细化经营和管理。

一 平台经济理论

平台经济利用现代信息技术构建平台产业生态,集聚资源,提升交易效率,推动商品生产、流通和服务高效融合,是一种创新发展的新型经济形态[1],也是一种重要的产业组织形式[2],正在成为促进产业结构升级和变革的重要推手,促进传统企业战略转型与功能拓展[3]。在各类产业的价值网络里均有构建平台的机会,当平台搭建完成之后,产业的价值重心向平台转移,有力促进产业进行转型升级,并成为经济发展的"新引擎"[4]。

(一)数字平台经济的研究概况

数字平台的国际研究起源于 2000 年 Rochet、Tirole、Caillaud 和 Jullie 等的双边市场和网络外部性的研究,此后国内外研究逐渐增多。首先,数字平台模式研究渐成体系。王玉梅、Park 和 Cirero 等指出,数字平台具有开放性,能智能撮合零散的供需,降低交易费用并产生规模经济。其次,平台生态系统研究处在起步阶段。Leviens 指出,平台生态系统是平台发展和发挥要素集聚和配置作用的关键。Evans、Tiwana、钱平凡和钱鹏展等指出,优秀的平台生态系统需要架构策划和治理。最后,平台经济与产业发展研究方兴未艾。2015 年,"平台经济"在国际文献中初次出现。中国学者徐晋等认为,平台经济是一种新型经济形态和重要的产业组织形式[5],

---

[1] 商务部市场建设体系司:《关于推进商品交易市场发展平台经济的指导意见》,中华人民共和国商务部网站,http://www.mofcom.gov.cn/article/b/d/201902/20190202838305.shtml。

[2] 徐晋、张祥建:《平台经济学初探》,《中国工业经济》2006 年第 5 期。

[3] 陈红玲等:《平台经济前沿研究综述与未来展望》,《云南财经大学学报》2019 年第 5 期。

[4] Hoberg, et al., "Text-Based Network Industries and Endogenous Product Differentiation", *Journal of Political Economy*, 2016, 124 (5)。

[5] 徐晋、张祥建:《平台经济学初探》,《中国工业经济》2006 年第 5 期。

钱平凡和温琳研究了产业平台化发展，G. Hoberg 和 Cavallo 指出，平台经济可以提高资源配置效率；芮明杰研究了与电商平台和互联网平台有关的经济问题；赵昌文等界定了数字平台经济是基于平台的经济的一部分，提出了多个行业的平台经济发展规制。

2018 年和 2019 年的政府工作报告中两次提出"发展平台经济"，提高了研究热度，学者肯定了平台经济作为产业组织形式，具有优化资源配置、促进跨界融通发展的功能。

（二）平台经济的核心优势

平台经济模式的兴起本质上是过剩资本借助新兴信息技术和大数据进行逐利的新途径，借助"互联网+"推动传统行业的转型，需以市场优化和增加全社会福祉为目标，来寻求多样化的创新性治理模式[①]。平台经济模式也是实现分享经济的一种重要途径，而分享经济被认为"是市场逻辑与社会逻辑相互作用的产物，以一种改良主义或折中主义的方式实现了效率与公平在一定程度上的统一"[②]。

平台经济的核心优势是实现供应链的协同管理，各主体通过围绕核心企业，进而形成了复杂的网链结构关系，平台产业打破了产业发展的"纵向一体化"的管理模式，把资源、资本、劳动力、环境等各要素跨区域、跨国界整合和优化配置，形成了"横向一体化"的生产模式，合作方通过整合供应链中的商流、物流、信息流以及资金流，在满足顾客需求的前提下，最大化整体利益，形成了平台经济的核心竞争优势[③]。平台生态体系对流通各环节进行数字化重构，集聚生产、流通和服务资源并运用市场海量数据资源推动进行优化配置，带动产业升级和消费升级，促进形成强大的国内市

---

① 符平、李敏：《平台经济模式的发展与合法性建构——以武汉市网约车为例》，《社会科学》2019 年第 1 期。
② 王宁：《分享经济是一种改良运动——一个"市场与社会"的分析框架》，《广东社会科学》2018 年第 2 期。
③ 蔡柏良：《平台经济视野下的商业模式创新与企业发展》，《商业经济研究》2016 年第 16 期。

场。平台企业作为市场的组织者,创造一个循环、迭代、反馈驱动的过程,完成商品流通组织的全过程,使商业生态系统的整体价值得到最大化。这不同于传统的线性渠道价值链模型。

(三) 平台经济对传统产业分类标准提出挑战

新西兰经济学家费歇尔(Fischer)与英国经济学家克拉克(Clark)创立了三次产业分类体系,马克卢普(Marchlup)和波拉特(Borat)在三次产业的基础上进一步揭示了信息产业发展的特殊性,将信息业从服务业中剥离出来,确立了四大产业的分类标准。但是,随着信息技术与信息产业的飞速发展,产业之间、产业内部的融合不断催生新产业和新业态,从而对现有产业划分产生了巨大冲击。

在移动互联网、物联网、大数据和云计算催生的"万物互联"背景下,平台经济成为全面整合产业链,提高资源配置效率的一种新型经济模式和产业组织模式,重塑社会和经济系统,数据成为影响未来发展趋势的新型经济要素[1][2]。李凌主张为了有效应对平台经济的挑战,迫切需要建立新的产业分类标准及统计体系[3]。

二 产业融合理论

随着信息技术的发展和信息技术服务功能的推进,产业融合现象始于20世纪70年代。一般认为,产业融合始于产业之间的技术关联,是高新技术及其产业作用于传统产业,合成一体逐步成为新产业[4]的动态发展过程,欧盟委员会提出产业融合是技术、产业、服务和市场三个层次的融合,造成产业边界收缩或者消失,融合的

---

[1] Cavallo, A., "Are Online and Offline Prices Similar? Evidence from Large Multi-channel Retailers", *American Economic Review*, Vol. 107, No. 1, 2017, pp. 283-303.

[2] Jr. Hauser, G., et al., "Website Morphing 2.0: Switching Costs, Partial Exposure, Random Exit, and When to Morph, and When to Morph", *Management Science*, Vol. 60, No. 6, 2014, pp. 1594-1616.

[3] 李凌:《平台经济发展与政府管制模式变革》,《经济学家》2015年第7期。

[4] 卢东斌:《产业融合:提升传统产业的有效途径》,《经济工作导刊》2001年第6期。

结果是出现了新的产业或新的增长点①。在此基础上，学者从不同角度对产业融合进行了分类，按融合形式分为产业渗透、产业交叉和产业重组；按融合程度分为完全融合、部分融合和虚假融合；按融合方向分为横向融合、纵向融合和混合融合；从市场角度分为技术融合和产品融合；还可将产业融合分为高新技术的渗透融合、产业间的延伸融合、产业内部的重组融合、全新产业取代传统旧产业的替代融合②。

（一）产业融合的原因和融合过程的发展规律

产业融合源于技术进步和放松管制，产业创新研究的权威弗里曼认为产业创新过程包括三个阶段：分别是技术融合、产品与业务融合、市场融合，最后才能完成产业融合的全过程。

首先，产业融合的前提条件是产业之间具有共同的技术基础。在产业之间的边界要发生技术的融合，打通技术壁垒，即某一产业的技术革新改变其他产业产品、竞争和价值创造过程。革命性的技术创新和扩散性的技术创新，对产业的发展具有不同的影响。扩散性的技术革新是建立在革命性技术革新基础上，是革命性技术的扩散和应用，是导致产业融合的必要条件。信息技术之间相互融合和信息技术与其他产业技术之间广泛渗透，是信息化时代产业融合的技术基础。

其次，突破了技术融合，产业融合应以市场需求为导向，产品与业务融合。在创新技术基础上，全面地协调和整合原有生产业务流程、管理组织结构，实现资源共享，降低成本，增强核心竞争力。使企业在管理和流程上实现再造与创新。

最后，市场融合获取竞争优势，占据更多的市场需求。技术与业务融合形成产品差别，通过改变人们当前的消费内容和工作方式来创造新的需求，技术与业务融合的结果带来成本结构的改变，形

---

① 厉无畏、王振：《中国产业发展前沿问题》，上海人民出版社2003年版。
② 国家发展改革委宏观院和农经司课题组：《推进我国农村一二三产业融合发展问题研究》，《经济研究参考》2016年第4期。

成的新产品和经营内容满足了新的市场需求。

（二）产业融合的结果

产业融合的结果就是使融合的各产业间拥有了共同的技术和市场基础。微观上改变了产业的市场结构和产业绩效，宏观上为产业结构转换和升级提供了条件，带来了国家的产业结构和经济增长方式转变，提高产业竞争力①。在理论研究上，产业经济学的基本理论和研究方法也受到影响，需要提出新的产业组织分析框架理论，推动产业经济学理论的向前发展。

三 产业互联网相关理论

2017年以来，以腾讯、阿里为典型代表的互联网领军企业不断通过投资收购、参股合作等方式，深度参与到零售行业为实体零售赋能，数字化资源通过各种形式渗透进流通产业链的各个环节。随着云计算、大数据能力的提高，人工智能、物联网的发展，互联网技术应用重心逐步从需求侧贯通至供给侧②，从消费领域逐步渗透到产业运行中，全面促进需求提升与供给效率提高并重，消费互联网向产业互联网演进。

产业互联网是继消费互联网之后互联网服务经济发展的新阶段，其促进了供应链现代化，和产业组织形态的扁平化、虚拟化、动态化和联盟化。即企业利用互联网来进行生产、经营、服务管理方式的改造③。2017年以来，以腾讯、阿里为典型代表的互联网领军企业，先后转向为实体零售者提供"以需求带动生产"的B2B服务，其特征是依托大数据分析消费者需求，以需求为目的，用智慧供应链降低交易成本、提升物流的效率。区别于消费互联网，产业互联网以服务于生产者（而不是消费者）为目的，以信息平台为工具，聚合企业生态链，提供全供应链的信息服务。

---

① 马健：《产业融合理论研究评述》，《经济学动态》2002年第5期。
② 司晓、吴绪亮：《产业互联网的演进规律》，《清华管理评论》2019年第4期。
③ 宋华：《基于产业互联网的现代供应链及其创新路径》，《中国流通经济》2018年第3期。

产业互联网逐渐成为研究热点,安建伟认为,产业互联网是以大数据、物联网技术为支撑以数据驱动的平台①;张梓钧认为,产业互联网通过利用网络和大数据,重构企业内部的管理和与外部的协同,实现产业生态协同发展②;葛雯斐③、任兴洲④认为,产业互联网会使各个行业中的企业、生态链关系和生命周期实现互联网化,产业互联网思维下的产业模式是新型虚拟产业集群⑤。

产业互联网和消费互联网有明显区别,宋华指出,消费互联网主要是改善了消费者的生活体验,产业互联网将会提升生产效率、资源配置效率和交易效率⑥;产业互联网的商业模式强调产业价值,通过"互联网+传统企业",改造传统管理与服务模式,实现产业的转型升级,降低全产业的交易成本,激发产业形态的变革与创新,逐步形成现代供应链。司晓、吴绪亮认为,价值贡献则将从过度依赖需求侧,升级至需求提升与供给效率提高并重⑦。

产业互联网的演进是数字化资源不断渗透到产业链各环节的过程。由最初物流、金融的互联网化,逐步扩展到全产业链活动的互联网化;近年来,随着应用基础和技术基础的不断完善和国家政策的有利条件,B2B 电商进入 3.0 时代,交易规模不断扩大,据电子商务研究中心发布的数据显示,2018 上半年,中国 B2B 电商交易规模为 11.2 万亿元,同比增长 14.2%⑧。B2B 电商平台通过供应链服务打通产业链上下游,为客户提供供应链增值服务,它的切入点是

---

① 安建伟:《为什么说产业互联网将成为中国经济的新引擎》,《互联网周刊》2014年第22期。
② 张梓钧:《产业互联网开辟新蓝海》,《中国电信业》2015 年第 1 期。
③ 葛雯斐:《产业互联网时代正无限靠近》,《信息化建设》2014 年第 12 期。
④ 任兴洲:《产业互联网的发展与创新》,《中国发展观察》2015 年第 8 期。
⑤ 赵有广、蒋云龙:《论虚拟中小企业集群及其实现形式》,《财贸研究》2006 年第 3 期。
⑥ 宋华:《基于产业互联网的现代供应链及其创新路径》,《中国流通经济》2018 年第 3 期。
⑦ 司晓、吴绪亮:《产业互联网的演进规律》,《清华管理评论》2019 年第 4 期。
⑧ 电子商务研究中心:《2018 年(上)中国 B2B 电子商务市场数据监测报告》2018 年 9 月,http://www.100ec.cn/zt/18b2bbg/。

第二章
文献综述和理论基础

仓储、物流、加工、金融信贷,通过深入挖掘供应链价值,供应链的作用逐渐凸显出来。产业互联网相较消费互联网,有更多的潜在商机。产业互联网已经成为农业现代化的发展趋势①,近年来,众多现实案例表明,农业电子商务的发展趋势也向农业产业互联网的方向发展,涌现了许多成功案例。

（一）现代供应链

传统的供应链是以将产品或服务交付给最终用户为目的,由上游与下游企业共同建立的网链状组织,目的在于提高生产及流通过程中企业的效率和效益。随着产业互联网的发展,现代供应链应运而生,它是一种新的生产组织模式,并为经济转型升级提供了重要动能。现代供应链在供应链结构、供应链流程和供应链要素等方面都发生了深刻的改变②。它利用产业互联网使供应链各流程以及流程中的各环节,实现实时的协同计划、决策和运营,具有多主体生态性,供应链参与方既是产品或服务的接收者也是创造者,可以实现按需定制；流程智能化、同步化、服务化以及可视化的特征使主体间通过互动来协同创造价值,因此,供应链整体流程呈现出多维、复杂的交织过程③。

（二）企业流程重组理论

企业流程重组的概念是 1990 年 Hammer 博士首先提出的,其应用在企业信息化过程中效果显著,可以有效提高企业在成本、质量、服务和速度等关键指标,并促进了组织结构的扁平化和企业文化的改变。

企业流程重组理论是站在信息技术改造传统管理流程的视角,强调面向客户需求,单点接触顾客,简化分工过细的复杂的传统管

---

① 王山、奉公：《产业互联网模式下农业产业融合及其产业链优化研究》,《现代经济探讨》2016 年第 3 期。

② Lambert, D. C., et al., "Supply Chain Management: Implementation Issues and Research Opportunities", *The International Journal of Logistics Management*, 1998, pp. 1-20.

③ Vargo, et al., "Service-dominant Logic: Continuing the Evolution", *Journal of the Academy of marketing Science*, 2008, pp. 1-10.

理方法，根本上考虑和彻底地设计企业的流程，去掉不增值环节，使由于分工过细造成的分割流程重新整合成一个整体，回归到像流水一样的自然管理状态。其实施的关键在于运用信息技术来协调分散和集中的矛盾。

传统农批流通模式，产销两端缺乏信息直接沟通渠道，物流环节较多，衔接管理脱节，交易成本和管理成本较高。农产品供应链的实现需要考虑到三个产业领域，即农业、工业、流通业，即使这样对实现生产与消费直接对接的电子商务也存在制约因素，因为生产和销售两端的生产资源和客户资源仍然是分散的，没有实现供应链组成主体组织化管理。本书基于此理论，从根本上重新梳理传统农业产销流程，以农产品的生产和流通规律为准绳，去掉不增值环节，提出以订单为导向的电子商务流程，合理组织农业产业链资源要素，产生系统优化效应，取得农业生产质量和服务质量的巨大提升和交易成本的大幅降低。

（三）产业区域集聚和虚拟产业集聚

19世纪末，工业化发展中产业区域集群现象出现，马歇尔（A. Marshall）在经典著作《经济学原理》描述了手工业小企业集聚的现象。20世纪80年代，美国哈佛商学院权威学者麦克尔·波特（M. Porter）描述了这种新型的区域经济发展形式，创立了产业集群理论。波特认为产业区域集群是指在某一特定领域中，以一个主导产业为核心，大量产业联系紧密的企业以及相关支撑机构在空间上集聚形成一个有机的整体，形成强劲、持续竞争优势的现象，是关联性强的各行业通过专业化分工与协作，使群内企业获得规模效应和范围效应的经济发展形式。

虚拟产业集群（Virtual Industrial Cluster，VIC）的概念，是由欧盟EU SACFA计划资助的网络化研究课题组在1997年首次提出，并提出了全球虚拟业务框架模型（Global Virtual Business，GVB）。虚拟产业集群是指以网络信息技术为支撑，搭建多主体的网络合作平台，通过集群内部的中间组织，将地域分散、产权独立、与某种产业相关的生产个体集合在一起所形成的动态的、开放的产业组织。

虚拟产业集群是在互联网环境下产业集群的更高阶段的发展形式，是产业集群信息化发展的最新形态，它具备了传统产业集群专业化分工、群内组织相互关联以及协同与溢出效应等特征，同时突破了传统产业集群的地理局限，利用现代信息网络技术和沟通联系平台，把分散在不同区域的相关企业有效连接起来，产生更大范围的产业聚集效应。

（四）农业产业集群和农业虚拟产业集群

国内外学者把产业集群引入农业领域，提出农业产业集群的概念，指相互独立又相互联系的农户、农业产品加工企业、农业产品流通企业等龙头企业及各类服务机构，按照专业化生产、产业化经营、区域化布局的要求，发挥农业生产的比较优势，在地域和空间上形成的高度集聚的集合。国务院发展研究中心刘世锦认为：产业集聚是在一个适当大的区域范围内，生产某种产品的若干个同类企业、为这些企业配套的上下游企业以及相关的服务业，高密度地集聚在一起，通过合理分工，大大降低了生产和交易成本。

农业集群发展以产业为依托，以品牌为基础带动产业发展。从理论和国内外实践经验表明，农业产业集群的要素集聚效应、内部分工效应、协作效应和竞争效应、区域发展效应、品牌效益，都存在着巨大的社会与经济效应，是解决"三农"问题的重要途径之一。《产业融合意见（2015）》提出"在县域引导产业集聚发展"以促进产业要素集聚，完善配套服务体系，培育农业科技创新应用企业集群。

目前，农业虚拟产业集群的发展还处于方兴未艾的阶段。农业虚拟产业集群"是在农业经济组织信息化发展到一定阶段的基础上产生的，第一、第二、第三产业的融合而形成的产业模式，是农业领域全产业链的集合。以实现数据资源共享为目标，将农业产业互联网化，推动网上农产品交易、网上结算、订单农业等一系列农业信息活动,增强农业生产经营能力"①。

(五) 供应链动态联盟

动态联盟的概念最初是由美国里海大学于1991年在其"21世纪制造企业的战略"报告中提出的。动态联盟原先用于生产制造企业,也称敏捷制造,是在社会分工协作背景下基于共享合作资源的一种企业间动态组织形式②。"供应链动态联盟是结合了动态联盟和供应链的概念,以核心企业为中心,通过对资金流、物流、信息流的控制,将供应商、制造商、分销商、零售商及最终消费者用户整合到一个统一的、无缝化程度较高的功能网络链条,以形成一个极具竞争力的动态战略联盟。"③ 这种动态联盟模式突破了组织边界,通过纵向的资源和信息整合,从而提高合作效率和降低成本,形成一个优势整体与外部市场进行竞争,实现了供应链整合,从而获得供应链上的整体竞争优势。其主要是在分工明确、专业化的小企业间或主体间形成。动态性是主要特性,相关主体突破组织界限,以产品或服务为中心,信息分享、合作共赢、风险利益共担,合作联盟随需求的生命周期而成立和消亡。

现代信息系统比如企业资源计划系统和电子商务系统是形成动态联盟组织结构的技术基础。贾平提出,物流组织、物流渠道、物流在农业物流体系中建立供应链动态联盟,对于规模小、离散度大的农业物流体系具有特别重要的意义④。李思寰等提出,以电子商务技术为基础建立起供应链动态联盟现代农产品物流体系,利用电子商务信息平台实现产供销一体化运作,可以提高交易效率,以适

---

① 王山、奉公:《产业互联网模式下农业产业融合及其产业链优化研究》,《现代经济探讨》2016年第3期。
② 杨大勇、汪洋:《零售商主导的供应链再造浅析》,《理论界》2010年第10期。
③ 杨大勇、汪洋:《零售商主导的供应链再造浅析》,《理论界》2010年第10期。
④ 贾平:《基于供应链动态联盟的农产品物流组织设计》,《农村经济》2007年第10期。

应农产品市场变化、柔性、速度、革新等需要①。

（六）企业资源计划系统原理

企业资源计划系统是实现企业流程重组的有效工具，它使产、供、销、人、财、物各部门信息集中统一管理，通过联动的多级计划达到供需协调，使企业整体利益达到最优化，降低管理成本，其成功应用可以大幅降低库存，提高交货期准确率，缩小装配使用面积，提高采购计划有序性，20世纪90年代初开端，至今广泛应用于制造、分销、服务等多个领域。企业资源系统的实现核心是：在正确的时间，生产或采购正确数量的正确料件，通过五级核心计划的制订实现企业内部的均衡排程，即排程有效，如图2-1所示。

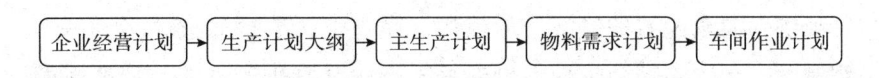

企业经营计划 → 生产计划大纲 → 主生产计划 → 物料需求计划 → 车间作业计划

图2-1 企业资源计划系统中的五级核心计划

四 数字经济与传统产业融合

系统梳理数字经济新要素配置及其促进经济高质量发展和产业升级研究，结合数字经济助推乡村产业振兴的现实背景，有助于厘清研究的内在逻辑。

（一）数字经济新要素配置

数字经济本质是通过大数据融合实现资源优化配置，提高生产效率的经济形态。数字经济发展不但通过传统要素数字化，提升了传统要素生产效率，而且数据要素能够促进各类要素有效结合，产生新的生产函数关系②，可以在索洛增长模型中加上数据要素核算

---

① 李思寰等：《影响发展中地区农产品流通的因素分析——以湘西南地区为例》，《上海农业学报》2011年第4期。

② 荆文君、孙宝文：《数字经济促进经济高质量发展：一个理论分析框架》，《经济学家》2019年第2期。

全要素生产率①。①数据优化要素配置机理。一是多源大数据来源于社会和企业全要素数字化转型。二是多源数据通过技术和社会机制实现大数据融合，通过大数据融合带来多要素合成效率的提升②，目前主要有两类途径：一类是科学数据、政府数据等开放共享；另一类是涉及隐私数据通过中介和隐私计算技术等实现有选择定向开放和共享使用③。三是主体间通过中介组织进行数据交易，数据确权之后通过数据银行或数据交易所实现市场化配置④。四是来自组织内外的多源数据与生产管理结合转化成生产资源，形成组织间共享生产关系⑤。以上数据资产化、价值化、商品化和资源化的过程，使数据赋能其他要素，构成了数字经济新要素配置。但是各环节技术和应用模式尚未成熟，急需顶层设计和数据共享平台建设。②数字经济新要素配置的经济倍增效用。微观上，数据通过"劳动—组织制度—契约治理"适应性创新框架产生共享生产方式，带来规模效应、范围效应和长尾效应⑥，宏观上，大数据实证研究范式从经济学和方法论视角重塑经济学研究方式和经济增长学习方式，数据具有需求侧和供给侧协同自强化机制，发挥促进经济高质量增长倍增作用。③要素配置效应异质性。实证研究发现，数字经济对劳动力和资本的配置效应在不同地区存在异质性⑦⑧，在区域一体化中对

---

① 杨汝岱等：《数字经济时代数据性质、产权和竞争》，《财经问题研究》2018年第2期。

② 唐要家：《数字经济赋能高质量增长的机理与政府政策重点》，《社会科学战线》2020年第10期。

③ Jones, C. I, Tonetti, C., "Nonrivalry and the Economics of Data", *American Economic Review*, 2020, p.110.

④ 张昕蔚、蒋长流：《数据的要素化过程及其与传统产业数字化的融合机制研究》，《上海经济研究》2021年第3期。

⑤ 谢康、肖静华：《面向国家需求的数字经济新问题、新特征与新规律》，《改革》2022年第1期。

⑥ 杨新铭：《数字经济：传统经济深度转型的经济学逻辑》，《深圳大学学报》（人文社会科学版）2017年第4期。

⑦ 王凯：《数字经济、资源配置与产业结构优化升级》，《金融与经济》2021年第4期。

⑧ 马中东、宁朝山：《数字经济、要素配置与制造业质量升级》，《经济体制改革》2020年第3期。

劳动力与资本要素配置效应正好相反①。

综上所述,可以在借鉴研究基础上,结合乡村资源配置现状研究数字经济下乡村产业振兴资源配置机制,充分利用和发挥大数据的倍增作用促进乡村产业振兴。

(二)数字经济促进经济高质量发展和产业结构升级路径体系

数字经济在技术经济范式下,数据要素和数字技术依托多个相关数字平台构成的平台网络,通过平台生态系统演化和数字生态—产业链群生态体系产业组织形式②,形成数字经济动能机制,使数据产业化和产业数字化可以互相促进、快速发展,在有效政府和高效市场共同作用下,促进经济高质量发展和产业结构升级③④⑤。

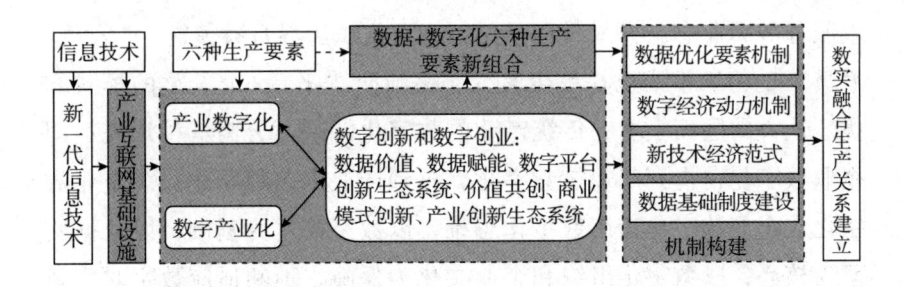

图 2-2 数字经济与实体产业融合发展体系

(三)传统产业的数字化转型

当今世界,数据在互联网、大数据、人工智能、云计算、区块

---

① 王玉、张占斌:《数字经济、要素配置与区域一体化水平》,《东南学术》2021年第5期。

② 余东华、李云汉:《数字经济时代的产业组织创新——以数字技术驱动的产业链群生态体系为例》,《改革》2021年第7期。

③ 胡西娟等:《"十四五"时期以数字经济构建现代产业体系的路径选择》,《经济体制改革》2021年第4期。

④ 丁守海、徐政:《新格局下数字经济促进产业结构升级:机理、堵点与路径》,《理论学刊》2021年第3期。

⑤ 焦帅涛、孙秋碧:《我国数字经济发展对产业结构升级的影响研究》,《工业技术经济》2021年第5期。

链等新一代信息技术加速创新背景下，成为新的生产要素，数据流通过带动技术流、资金流、人才流、物资流，从而实现对传统产业的改造，使其朝着全方位、全角度、全链条发展，从而加速推进传统产业的转型升级，使其向数字化、网络化、智能化方向发展。

传统产业的产业模式和企业形态在数字化浪潮的驱动下，发生根本性转变，体现在以下几方面。

生产者和消费者之间的关系由供给导向转向需求导向；生产方式从大规模标准化生产向大规模个性化生产转变；刚性生产系统向可重构模块化系统转变；工厂化生产向社会化生产转变。生产组织和社会分工发生重大变化，产业边界模糊化、产业组织网络化、企业组织扁平化、产业集群虚拟化逐渐凸显且有不断加速的趋势，线上服务等新业态新模式日新月异，企业组织边界日益模糊，"公司+雇员"的组织模式也在发生改变，逐渐向"平台+个人"的模式靠拢。从大的层面上看，传统产业的数字化转型可分为三种形态：即企业数字化，再到产业链数字化，再到产业生态数字化。①企业数字化。企业数字化运用数字化思维，以数字技术为基础，以数据要素为核心，以数字化组织和企业文化为保障，不断适应数字时代新要求，在企业的业务模式、运营流程、管理体系等几个方面进行数字化重构和创新，以此来提升企业自身竞争力，从而创造更多价值，达到可持续发展的目标。②产业链数字化。数字技术和数据要素具有极强的穿透效应。在数字化进程的推动下，传统产业链、供应链上下游之间的物流、信息流、业务流、资金流等变得更加便捷和融通，从而促进产业链数字化的实现。工业互联网的重要手段是产业链数字化，以新技术为驱动，以模式创新为核心，从而实现融合创新和产业赋能。当前，国内主流工业互联网平台根据模式的不同，大致分为个性化定制、网络化协同、智能化生产、服务化延伸、数字化管理五种。③产业生态数字化。伴随新一代信息技术与工业、制造与服务、软件与硬件快速跨界融合，传统的以产品或企业为主体的竞争模式被打破，以平台为核心、以软件定义为标志的产业链垂直整合日益加速，单纯的产品和技术的竞争逐渐演变为生态体系的竞争。一些龙头企业，比如 GE、IBM、西门子、SAP、华为、阿里巴巴、小米、海尔、中国电信、中国移动等，通过数字技术、激活数据要素等技术，打造出各自的数字化产业生态，从而创造新的生态商业价值。①

---

① 罗培、赵易凡：《产业数字化转型的三种形态》，"清华大学互联网产业研究院"微信公众号，2022 年 8 月 20 日。

第三章

电子商务赋能农村产业融合发展机制

随着社会经济的高速发展,中国电商产业市场规模也随之持续扩大,现有产业格局及商业模式也已形成较为稳定的局面。电子商务区别于传统的社会交易方式,能够有效摆脱时空限制,在提高社会价值和经济效益方面均体现出了较大优势。不但对工业、服务业和农业产生了革命性的影响,对传统产业结构升级起到了推动作用,而且在产业组织形式中电子商务平台经济已经成为最重要的形式[1],能够实现资源要素跨界配置和产业链重构,推动传统第一、第二、第三产业的融合发展,提升社会资源的配置效率。

以上构成了当前中国农村产业融合的发展环境和基础。在新环境下,电子商务平台经济正在促进农村产业融合的发展,这期间出现了许多成功案例,但是一些发展问题也显现了出来。

第一节 电子商务平台经济

Martin Kenney 和 John Zysman 创造了数字化平台经济一词并将其

---

[1] 徐晋、张祥建:《平台经济学初探》,《中国工业经济》2006 年第 5 期。

定义为:"是一个描述涵盖了商业、政治和社会互动中越来越多的数字化活动的更中性的术语。"① 平台经济具有"双边市场和多边市场"的特征,平台企业是市场的组织者,通过整合行为完成市场中商品流通组织的全过程②,通过交易撮合形成供需新格局。

一 电子商务数字平台经济构成框架

关于平台经济的构成主体,Zoltan J. Acs 提出了一个由三个相互关联的概念组成的数字化平台经济概念框架③,A. K. Song 进行了改进,形成了如图 3-1 所示的数字平台生态系统④。包括数字技术基础设施、多边数字平台和基于平台的生态系统,有四类企业填充了数字化平台经济:一是支持全球数字化平台经济的数字基础设施公司(电信服务和设备公司);二是数字平台(平台所有者);三是数字企业(创新者);四是供应商和用户。平台在供需双方用户之间进行匹配,用户为平台提供收入,数字企业(创新者)、供应商和用户构成基于平台的生态系统。

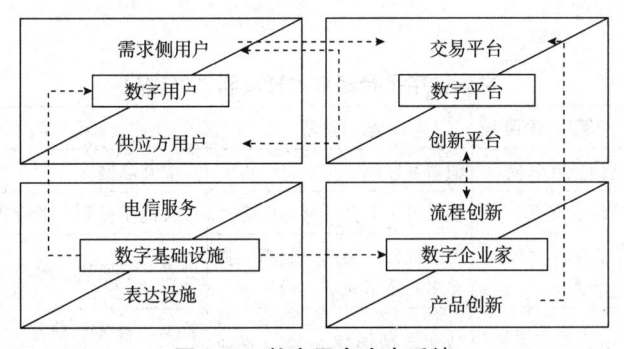

图 3-1 数字平台生态系统

资料来源:Song, A. K. (2019)。

---

① Kenney, M., Zysman, J., "The Rise of the Platform Economy", *Issues in Science and Technology*, 2016, 32 (3), p.61.
② 蔡柏良:《平台经济视野下的商业模式创新与企业发展》,《商业经济研究》2016年第16期。
③ Acs, Zoltan J., et al., "The Evolution of the Global Digital Platform Economy: 1971-2021", *Small Business Economics*, 2021, 57 (4).
④ Song, A. K., "The Digital Entrepreneurial Ecosystem: A Critique and Reconfiguration", *Small Business Economics*, 2019, 53, pp.569-590.

中国学者徐晋等认为平台经济是一种新型经济形态和重要的产业组织形式,它利用现代信息技术,构建平台产业生态,集聚资源,实现生产、流通及各项支撑服务跨界融合发展,推动传统行业的转型。

电子商务是上述数字平台经济的典型商业模式,在中国的形成和发展演进过程中,不断和传统业态冲突和融合,而且凭借其高度的通用性和渗透性,有效打破了多种产业间的壁垒,为实现产业间跨界融合提供了可能性。为了从实践中找到以上电子商务平台经济发挥产业组织机能的关键机制,有必要对电子商务平台经济的发展过程进行梳理。

随着互联网的发展,中国数字平台经济的形成和发展过程大致可以归为三个阶段(但是并没有明确的时间界限),如表3-1所示。目前电子商务数字平台经济正在从基于消费互联网的平台经济向基于产业互联网的平台经济转型发展。

表3-1　　　　中国数字平台经济的形成和发展过程

阶段指标	第一阶段	第二阶段	第三阶段
主要业态	信息互联网	消费互联网	产业互联网
平台功能	信息交互	狭义电子商务:交易撮合	广义电子商务:平台赋能产业
代表企业	百度、腾讯、新浪	阿里巴巴、美团、滴滴、拼多多、字节跳动、微信	贝壳、汇通达、树根互联
生产要素	技术、信息	技术、信息、知识、商业情报	数据、技术、信息、知识等高端要素与人力、资本、土地等传统要素融合
价值体现	信息传播	商品交易、创新服务、社交、供应链协同、电商流通生态圈	要素融合、跨界重构、产业链和价值链延伸、虚拟产业生态圈形成
技术基础	基于互联网和数据库的信息平台	基于互联网、云计算、人工智能技术的消费互联网平台	基于物联网、云计算、大数据、人工智能、区块链、边缘计算等技术的产业互联网平台

消费电子商务是以满足消费者在互联网端的消费需求而产生的,

是过去20年中国互联网行业的主要商业模式。消费互联网平台生态的逐渐完善为产业互联网平台的发展打下了坚实的发展基础。产业互联网是基于新一代信息技术的各类产业互联网平台和数字化生态，对各个垂直产业的产业链和内部的价值链进行重塑和改造，优化和集成生产要素配置，从而形成的带有明显虚拟特征的经济形态。产业互联网是基于物联网、大数据、云计算、人工智能、区块链和边缘计算等新一代数字技术应用，以数据为关键要素，以数字平台为载体，通过打造应用场景和数字生态，优化产业链，重构供应链，打造创新链，数字技术与传统产业深度融合的新型模式①。以数据集成和应用为核心的"产业大脑"是产业互联网形成的关键环节。产业大脑集成研发、生产、经营、销售、物流和售后等产业链各环节信息，进行大数据融合，在大数据综合分析基础上，有效组织各细分行业的企业主体，形成了虚拟产业集聚和虚拟产业链。在以上产业互联网基础设施平台和创新垂直产业链平台基础上，各产业链平台上"产业大脑"成为产业链数据集成和跨主体协作经营的核心机制。

二 电子商务平台已经成为数字经济发展的基础设施

新一代信息技术为产业互联网提供了高渗透性技术使能器，通过产业链平台构建"基础设施"，进行连接和赋能，主要依托以下三类产业互联网基础设施：一是BAT、华为、移动、电信等跨产业的、通用性的技术服务平台，构成适用于各行各业的ICT基础设施。二是电力、交通等传统基础设施的数字化升级基础设施，为各行业和社会生活提供数字化基础服务。三是全产业链服务行业平台，实现产业链上下游各环节的协同管理，提高产业链的综合效益。以上第一类和第二类构成了产业互联网最底层基础设施。

数字化平台经济正在促进企业形态和传统产业商业模式发生根

---

① 欧阳日辉：《数实融合的理论机理、典型事实与政策建议》，《改革与战略》2022年第5期。

本性转变。生产组织和社会分工发生重大变化：企业组织扁平化、产业边界模糊化、产业组织网络化、产业集群虚拟化[①]；产业互联网应用可以全面整合产业链，提高资源配置效率，促进产业结构升级和变革，正在成为经济发展的"新引擎"，重塑社会经济环境。传统制造业产业链升级的典型代表是起于德国的工业4.0创新，农业领域产业垂直互联网平台的有益尝试不断涌现，比如为种植业提供全产业链服务的田田圈[②]、厦门农信渔联信息科技有限公司[③]为养殖全产业链服务的鱼联网、猪联网等，在其他一些细分行业，不断有领军企业牵头的平台模式创新涌现出来，深耕细分产业互联网构建。

第二节　电子商务平台经济促进传统产业升级的机理

中国电子商务业及其服务经过20年的快速发展，取得了经济社会学合法性，是平台经济的一种，它依托于电子商务平台系统实现对信息流、物流、资金流和事务流的控制，形成了集成化服务信息系统，科学配置流通、金融等服务业发展要素，催生了新服务组织和服务形式，改变了流通等商业服务业产业链，提升了商业服务业的绩效和政府服务绩效；积累了电子商务发展要素，促进了电子商务产业集聚；扩大了传统流通市场，依靠大数据使传统工业企业向市场导向的经营方式转变，构建基于电子商务的产业链；电子商务也推动了传统产业集群进行互联网转型。电子商务通过以上各方面

[①] 罗培、赵易凡：《产业数字化转型的三种形态》，清华大学互联网产业研究院网公众号，https://mp.weixin.qq.com/s。
[②] 芦千文：《涉农平台经济：典型案例、作用机理与发展策略》，《西北农林科技大学学报》（社会科学版）2018年第5期。
[③] 农信渔联网，https://ylw.nxin.com/FishManagement。

的发展，推动了传统产业进行转型结构升级的步伐。

一 电子商务服务生态及其合法性的确立

电子商务及其服务业已经同各个行业发生融合，渗透领域包括生产、消费、流通、资本等，在提高交易效率、优化产业资源配置等方面发挥着重要作用。电子商务能够在释放潜在需求的同时创造新的需求，促进各要素之间的合理流动和重新组合，产生了服务新业态、新模式，推动区域结构、产业结构实现"再平衡"[①]。

（一）电子商务业和电子商务服务业

1998年，中国达成第一笔互联网网上交易。时至今日，中国电商经历了20年左右的发展，经历了"爆炸式"增长过程。电商引发的经济变革极大地改变了商业形态和消费行为，对零售业、制造业以及物流业等行业产生了深刻影响，逐渐成为商业发展过程中不可或缺的"软性"基础设施。快递物流、咨询服务以及互联网金融等生产性服务业由此得到了快速发展，进而形成了大规模的电子商务生态系统，促进并带动了国内经济的快速转型和升级。[②] 京东和阿里巴巴作为第三方电商平台的成功典型在行业中发挥着龙头作用，此外国美在线、唯品会、拼多多、苏宁易购等电商企业也在庞大的市场中占据着较大的比重，还出现了围绕行业或单品类进行产业链延伸及协同服务的电商生态服务链企业。电子商务业态的本质是各种电子商务交易要素的组合。[③] 电商平台作为主要的交易平台，能够协助电商产业实现庞大的买家及卖家资源的聚合，具有双边市场的典型特征[④]。

[①] 冯蕾：《电子商务：让新兴服务业态走向国际》，《光明日报》2015年5月21日第8版。

[②] 王宝义：《中国电子商务网络零售产业演进、竞争态势及发展趋势》，《中国流通经济》2017年第4期。

[③] 徐越：《网络生态视角下电子商务业态发展研究》，博士学位论文，吉林大学，2014年。

[④] 陈红玲等：《平台经济前沿研究综述与未来展望》，《云南财经大学学报》2019年第5期。

电子商务业的基础是电商服务业,在各类服务中,以提高电子商务交易效率为目标的服务都可以称为电商服务业,电商服务业提供的服务包括供应链、在线支付、物流、品牌运营、营销等,能够从多维度满足平台、卖方和消费者的需求。电商产业对电商服务产业的需求是随其发展不断增长的,主要可划分为三个阶段:起步阶段、高速发展阶段、持续发展阶段。① 生产端、消费端和服务端全部通过平台企业提供的平台管理服务进行信息的交流(见图3-2)。

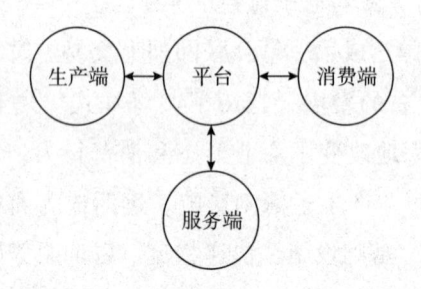

图3-2 电子商务平台生态核心组成

在平台经济核心组成中,电子商务平台是其中的主要组成部分,不同于传统的线性渠道价值链模型,平台企业为了使商业生态系统的整体价值得到最大化展现,会通过电子商务平台创造一个迭代、循环、反馈驱动的过程。② 通过实施整合行为,电商平台企业实现平台核心服务扩展,主要包括大数据平台和互联网金融两个方面,逐步形成了电商生态圈。电子商务平台类型当前有以下三种:公用第三方电子商务平台、基于产业链的行业电子商务平台、传统企业转型自建垂直平台。

一是公用第三方平台是由专门的电子商务企业为各行业提供共

---

① 李玲玲:《2018年中国电子商务服务产业发展现状分析》,智研咨询,2018年5月,https://m.chyxx.com/industry/201805。

② 陈红玲等:《平台经济前沿研究综述与未来展望》,《云南财经大学学报》2019年第5期。

同服务的平台,比如淘宝、京东和拼多多等,这类平台属于纵向平台,提供买卖交易及其相关服务,实现了以平台为核心的要素集聚和合理配置,带来了电商产业集群现象。

二是基于产业链的平台,是由电子商务企业为各个行业提供全产业链服务的行业平台,比如农业,为提供养殖全产业链服务的鱼联网、猪联网等平台和为种植业提供全产业链服务的田田圈等。这类平台能够实现产业链上下游各环节的协同管理,提高产业链的综合效益。

三是传统行业的龙头企业实现互联网转型构建的电商平台,比如中粮集团的我买网,工商银行等金融企业的网上商城,华为、联想等工业品企业的网上商城等,这类平台为企业带来了新的管理模式——以市场销售为导向的现代供应链管理模式,从而提升企业的综合绩效。

(二)合法性的确立

在经济社会学里,合法性被用来解释企业、特定产业模式和市场结构的形成和发展,市场行动者与制度环境之间的互动关系,合法性不仅构成了组织和制度模式的生存条件,也限定了特定经济模式的活动边界,其限定了特定的市场交易活动在何种条件下被许可的问题,电子商务平台经济在中国基本已经取得了经济社会学合法性,包括来自法律法规、政府规制政策等确立的管制合法性[①]。2019年,《中华人民共和国电子商务法》正式实施,国家先后出台了多项关于大力发展电子商务的政策和法规,在政府工作报告中连续两年提到了平台经济。电子商务成为中国经济发展的"新引擎",对于促进服务业、制造业转型升级都具有重要作用[②]。

二 电子商务平台经济新业态促进服务产业升级

电子商务产业的发展带动了金融、流通等产业的发展,催生出

---

① 符平、李敏:《平台经济模式的发展与合法性建构——以武汉市网约车为例》,《社会科学》2019年第1期。

② 王宝义:《中国电子商务网络零售产业演进、竞争态势及发展趋势》,《中国流通经济》2017年第4期。

了新的组织形式和新的发展要素,打造了基于电子商务的服务业新形态。

(一) 电子商务推动流通业现代化

中国电子商务服务现阶段主要有六种服务形态:金融支付服务、品牌运营服务、整合营销服务、IT服务、物流仓储服务以及供应链服务,每种服务形态有各自的服务目标,其中金融支付服务的主要目标是解决交易资金流通实效性和安全性问题,品牌运营服务的主要目标是解决产品运营效率和品牌商线上店铺管理的问题,整合营销服务的主要目标是解决电商新业态下站内站外、线上线下的营销与传播的问题,IT服务的主要目标是解决全交易链路自动化作业问题,物流仓储服务的主要目标是解决交易商品流转效率的问题,供应链服务的主要目标是解决企业经营全链条的对接效率、计划和执行等问题。在线旅游、网上订票、社区服务、网络租车、网上问诊等生活服务类O2O电子商务主要通过生活类服务业电子商务实现。①

电子商务业态促进流通现代化②。传统批发商的地位将被弱化,新型的流通业态将不断涌现,网店、线上与线下相结合、购物休闲中心、体验店、便利店等流通业态将成为主流。大型零售商主导的供应链成为一种普遍的流通渠道组织模式,零售商主导的供应链联盟是分工深化和市场竞争在买方市场条件下上升为合作模式的必然选择。物流观念在网络环境下得到改变,物流管理向由大数据支撑的精细化管理和精准化管理转变③。新流通的框架如图3-3所示。

---

① 冯蕾:《电子商务:让新兴服务业态走向国际》,《光明日报》2015年5月21日第8版。
② 徐越:《网络生态视角下电子商务业态发展研究》,博士学位论文,吉林大学,2014年。
③ 李东方:《"互联网+"时代中国流通组织现代化转型研究》,博士学位论文,西北大学,2016年。

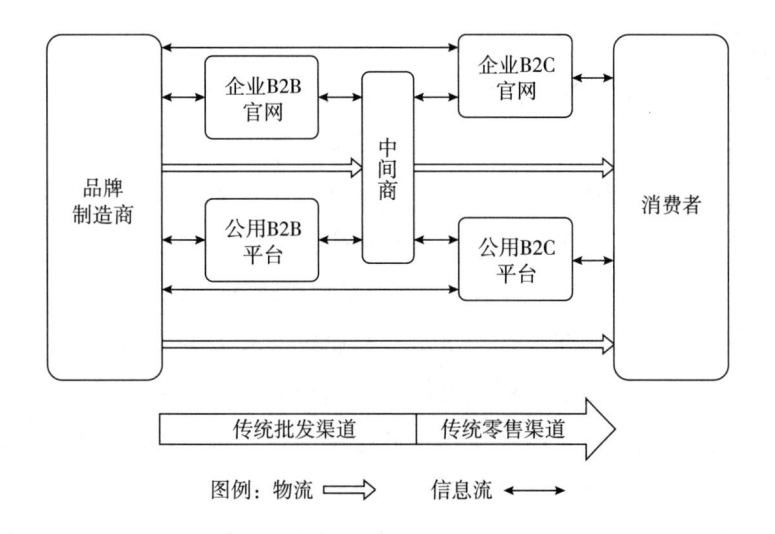

图 3-3 新型流通产业链和传统流通并存

（二）电子商务促进金融业网络化

基于电子商务平台的金融服务向网络化发展，例如，银行业的手机支付和网上银行业务，保险公司建立的网上保险门店，体现出在线支付、基金、保险、融资等新兴的金融业态。

案例[①]：由建设银行和阿里巴巴公司联合推出"网络联保"，利用中小企业电子商务交易信用记录，三家或以上企业由阿里巴巴公司网站发起组成联保共同体，只要内部协商一致且愿意承担其他企业的责权利及风险，联合体即可向银行申请贷款。

三 电子商务促进组织升级

电子商务在将不同产业特点充分结合后，推进产业转型升级，改造提升传统产业，激活旧动能。由于流通现代化的发展，企业将更加关注营销，完善售前、售中和售后等全流程服务功能，柔性的网络型组织结构和扁平化的组织结构将成为主要的组织形式和组织

---

① 但斌等：《电子商务与产业集群联动发展机理研究》，《情报杂志》2010 年第 6 期。

间关系①。

（一）电子商务新企业

淘宝、京东等电子商务的发展带动了顺丰、圆通等几大快递企业迅速发展，交通运输业、仓储转运业、电子商务等多种行业融合产生的快递企业，保证了社会生产和社会生活消费的供给②。

（二）电子商务产业集聚和产业集群促进产业链升级

但斌、胡军等在报告中指出，产业集群所衍生的邻近效应、聚集效应、知识溢出、信用优势推动了电子商务的发展，同时产业集群的升级离不开电子商务所形成的融资平台、营销平台以及资源整合平台，电子商务与产业集群由此得到了联动发展。在产业链资源整合方面，电子商务能够作为平台，为整个产业链更为高效的生产、销售、分销以及服务带来支撑，通过降低客户响应时间、压缩交货周期、减少周转库存等形式增强产业集群的竞争力。在提高产业集群企业拓展市场能力方面，电子商务也发挥了重要作用。作为新兴的产业形式，电子商务帮助集群内的中小企业突破原有渠道封锁困境，开拓市场空间，增加市场份额，从根本上改变了经济活动和贸易方式，使中小企业与大企业平等竞争成为可能。

例如：义乌作为全球的"小商品海洋"面临市场国际化趋势，商品60%以上为出口，出口国家和地区达215个。义乌产业集群区域内的中小企业和商户通过"义乌全球网"将43个行业、1900多个大类、40余万种商品推向了全世界③。

例如：金蚕网主导下，在嘉兴建成了与其配套的集存储、运输、配送为一体3PL配送中心，通过整合集群区域内的物流资源，实现电子商务一体化运作。供应商的茧丝绸原材料都统一存储在3PL配

---

① 李东方：《"互联网+"时代中国流通组织现代化转型研究》，博士学位论文，西北大学，2016年。
② 韩军涛：《电子商务背景下我国快递业发展与协同机制研究》，博士学位论文，北京邮电大学，2014年。
③ 但斌等：《电子商务与产业集群联动发展机理研究》，《情报杂志》2010年第6期。

送中心，交易双方通过网上协商签约后，将网上成交的干茧、生丝等原材料准时快速地直接配送到买方工厂，实现了 JIT 采购。经整合后的模式实现了电子商务一体化运作，企业库存得到了有效降低，采购运作效率得到了提高，采购提前期得到了缩短，企业采购成本也由此得到了节约①。

（三）传统名品企业升级形成新企业

马健认为技术融合发生后，为了改善成本结构、提高业务能力、增强核心技术能力、实现资源共享，企业需要在创新技术基础上，全面整合组织管理形式、调整原有技术生产路线、优化业务流程。

首先，由于网络环境下的电子商务业态的发展，企业的边界已经不再明显②。企业在网络化的虚拟环境中运营，改变经营范围和经营规模比较容易。对工业企业来说，新市场环境促使企业进行管理流程的变革③（BPR），以及组织方式的变革，提高企业绩效。

例如：海尔将网上营销、企业 ERP、客户管理、供应链管理等功能进行了融合，融合后的平台既可以作为自己企业产品的销售平台，又能作为其他企业的公用平台，直接接触消费者。在海尔整体的运营过程中，B2B（商家对商家）的形式主要用于采购或销售，B2C（商家对消费者）的形式主要用于销售。

其次，相对过剩的产能，个性化、多样化的市场需求缩短了产品生命周期，加剧了市场价格竞争，使得海量营销模式、大规模标准化生产模式受到了冲击，企业需要从消费者角度出发组织生产和营销。互联网信息传递高效率以及大数据的开发应用，商家可以准确及时地了解供求情况和销售信息，动态调整生产和销售计划，降

---

① 但斌等：《电子商务与产业集群联动发展机理研究》，《情报杂志》2010 年第 6 期。
② 徐越：《网络生态视角下电子商务业态发展研究》，博士学位论文，吉林大学，2014 年。
③ 胡文岭等：《企业流程重组理论及其实施策略探讨》，《中国管理信息化》（综合版）2005 年第 12 期。

低库存成本,将生产模式由"推"转变为了"拉"式①。电子商务正是通过推动企业改造业务流程,创造全新的经营模式,使市场中小批量个性化的需求能够与大规模工业生产能力进行对接,实现柔性的大规模定制,提高了企业的市场竞争力②。

综上所述,电商平台企业推动平台经济发展,促进了流通变革;平台经济发展下商务大数据的应用促进了市场导向的企业经营模式,从而传统企业组织调整内部流程和组织机构,在电商平台和大数据的支撑下,形成了以信息系统为管理手段的信息化组织(如图3-4所示)。

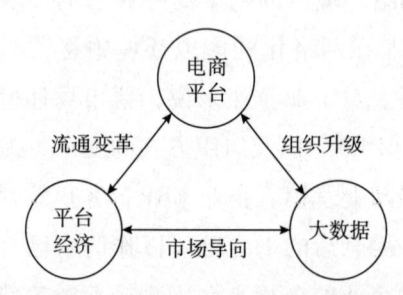

图 3-4 平台产业与传统组织升级

四 电子商务促进产业链升级

(一) 市场扩大

在互联网高速发展的今天,降低交易成本、改变交易模式的关键要素无疑是信息。市场规模不断扩大,专业分工日趋精细,产业资源分布格局正在不断重构,新的交易模式不断兴起,新的商业形态和市场势力正在成型,平台经济为构建有效的市场提供了具有说服力的选项,体现了互联网时代商业模式的创新性特点③。

---

① 王宝义:《中国电子商务网络零售产业演进、竞争态势及发展趋势》,《中国流通经济》2017年第4期。
② 中国社科院财经战略研究院课题组、荆林波:《电子商务:中国经济发展的新引擎》,《求是》2013年第11期。
③ 李凌:《平台经济发展与政府管制模式变革》,《经济学家》2015年第7期。

农产品流通电子商务的应用尤其是包括零售电子商务（如京东、苏宁、淘宝等）和跨境电子商务（如敦煌网）的大规模发展，能够有效缩小地域差异，带动跨区交易，促进形成全国性大市场，在一定程度上提高了区域经济发展的平衡性。从国际视野看，电子商务有助于打破国界和贸易保护主义屏障，增加出口机会，还可以增加就业[1]、改善民生。

（二）平台企业促进产业链整合

徐越[2]、胡岗岚等[3]、李世杰和李倩[4]研究了电子商务业态的发展阶段，探究电商平台企业对于产业链整合方式的演进，对市场渠道变革会造成何种影响。电商平台企业不仅具有典型的双边市场特征，而且其所实施的产业链整合行为具有"横向+纵向"的模块化特点，通过改变交易成本，直接影响市场渠道，引发市场变革，使商业系统的总体价值最大化[5][6]。平台经济的形成和发展过程主要经历三个阶段：规模经济、范围经济以及网络经济[7]。

五 电子商务带来政府新管制和政府绩效的提升

平台经济的出现将归属于不同产业的新技术、新产品、新服务与新市场连接在一起，跨越不同的传统部门，给传统政府的多重管制带来挑战。

一方面，对于平台企业的政府管制是一个崭新的课题。平台经济也通常被称作"双边市场"或"双边平台"，平台竞争的定价策

---

[1] 林广毅：《农村电商扶贫的作用机理及脱贫促进机制研究》，博士学位论文，中国社会科学院研究生院，2016年。

[2] 徐越：《网络生态视角下电子商务业态发展研究》，博士学位论文，吉林大学，2014年。

[3] 胡岗岚等：《电子商务生态系统及其演化路径》，《经济管理》2009年第6期。

[4] 李世杰、李倩：《产业链整合视角下电商平台企业的成长机理——来自市场渠道变革的新证据》，《中国流通经济》2019年第9期。

[5] 范小军等：《基于交易成本的营销渠道模式选择》，《企业经济》2005年第3期。

[6] 陈红玲：《平台经济前沿研究综述与未来展望》，《云南财经大学学报》2019年第5期。

[7] 芦千文：《涉农平台经济：典型案例、作用机理与发展策略》，《西北农林科技大学学报》（社会科学版）2018年第5期。

略反映了新技术、新业态,对原有政府管制模式的冲击,内生性地倒逼政府对管制模式进行变革,在互联网时代重构新型的政市互动关系①。政府可以创造新的压力和机会,企业无法行动的领域才是政府应该重点投入的。国务院于 2012 年 3 月提出了"加快建设全国统一的电子政府采购管理交易平台,实现政府采购业务全流程电子化操作"的建设任务,标志着电子化政府采购于 2012 年迈上了新台阶。

另一方面,互联网平台的应用为政府提供了信息化管理工具,可以借助它开展信息化数字政府服务,提高政府绩效。例如,阿里巴巴依托其公有云资源承载了万亿规模的核心系统,在全国达成合作的省份达到 30 个,全国 442 个城市纳入数字政府服务覆盖范围,服务内容超过 1000 项,累计服务人数超过 9 亿元,带来市民更优的政务体验。

六 电子商务与传统产业融合发展

(一)平台生态系统为产业融合提供了发展基础

根据马健的描述,产业融合会在两个或多个产业之间形成共有的市场和技术基础,影响并改变原有产品产业生产特点、价值创造过程和市场竞争状况,调整原有产品产业的核心能力以及市场需求,使产业界限逐渐模糊化,从而实现产业创新。以电子商务相关技术组成的电商平台,可以使参与主体实现信息跨地域、实时化、低成本的沟通,为信息技术与传统产业之间的融合提供了共同的发展基础,在产业之间的交叉处或边界区域改变并影响其他产业的开发特征、价值创造和竞争过程。电子商务平台可以发挥产业链整合和跨界资源配置作用。符平等认为新兴平台经济模式对传统的治理机制、市场结构和运营模式提出了挑战,在分配格局、利润来源和交易机会方面进行了创新性重构。互联网平台具有市场资源配置的作用,可以优化资源配置、推进市场管理模式和规则的高效统一,

---

① 李凌:《平台经济发展与政府管制模式变革》,《经济学家》2015 年第 7 期。

提升全要素生产率，促进产业融合，推动产业升级，增强产业流通创新能力，为经济发展提供新动力。

（二）电子商务与传统产业融合结构

在传统企业与电子商务平台融合的过程中，电商平台的发展为传统产业带来了新业态、新企业、新配置和新服务。[①] 电子商务平台提供了新的服务、开拓了新的市场、重构了新的经济组织方式，推动传统经济实现转型升级，形成了以下五部分组成的电子商务与传统产业融合的结构，如图3-5所示。

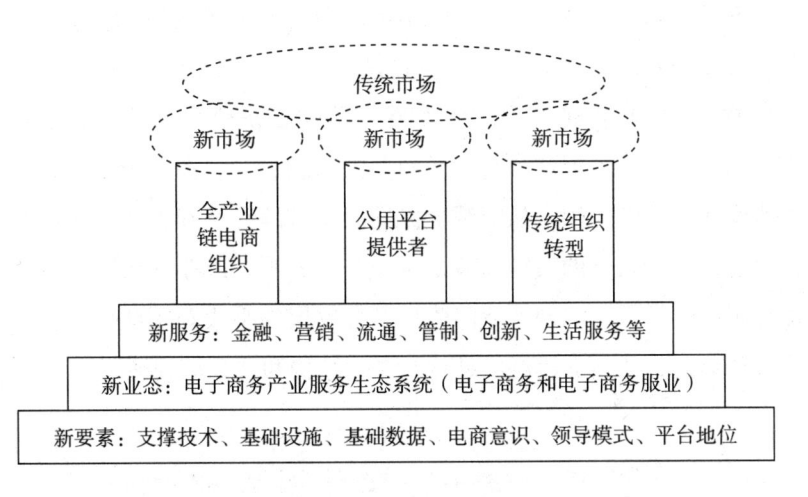

图3-5 电子商务与传统产业融合

一是新要素是融合的基础，包括：电子商务支撑技术、基础设施、基础数据、电商意识、平台在社会和经济系统中的地位、管制和领导的模式。这些是在电子商务业态发展过程中逐步增长的基本资源和环境。

二是新服务是融合产生的各种新型服务业态，是进行融合的具体形式，模式创新越多，表示融合程度越深。

---

① 林广毅：《农村电商扶贫的作用机理及脱贫促进机制研究》，博士学位论文，中国社会科学院研究生院，2016年。

三是新业态是平台企业及其服务支撑者提供的平台基础设施和服务构成的新型服务业态,是电子商务技术和各产业融合的根本基础和基本条件。包括:供方、需方、平台构成的核心电子商务业,和物流、支付、金融等构成的电子商务服务业。

四是新组织是电子商务新环境下产生的,是融合的基本组织形式,也是融合发展的推动力。组织主体包括:各个行业的在电子商务环境下新兴的全产业链组织、公用第三方平台建设企业和传统各行业在电子商务环境下转型组织(义乌电子商务集群、海尔集团等)。

五是新市场是融合带来的市场的扩大,是融合宏观绩效的体现,和传统市场冲突、互动,融合构成新平衡,形成共同市场。

电子商务与传统产业融合发展,形成了新型的电子商务平台经济,不但从微观上促使参与电子商务流通的相关企业升级,而且,随着产业互联网的应用,从宏观上促进产业链的升级和重构。从产业融合角度,产业融合的关键环节是打破产业界限。产业互联网平台是打破传统产业界限,实现产业间跨界融合发展的手段和驱动因素,可以重塑产业链,从而促进经济结构、文化结构和社会结构转型。

第三节 电子商务促进农村产业融合发展的机理

农村电子商务是现代经济贸易方式之一,主要发生在农村地区,是指通过网络渠道进行农资、日用消费品、农产品购销等商务活动,随着农村电子商务的发展,农村经济社会也迎来了全面变革。近年来,农村电子商务对中国农产品的传统生产和销售方式产生了极大的影响。《农村电商发展趋势报告》[①]指出,中国农村各类

---

① 《2022年我国农产品网络零售增势较好》,中华人民共和国中央人民政府网,2023年1月30日,https://www.gov.cn/xinwen/2023-01/30/content_5739182.htm。

生产要素的配置格局仍处于低效能水平,电子商务的发展将有效促进中国农村各类生产要素之间的优化重组,电子商务的发展主要包括三个维度:高效能的互联网平台、电商推动农产品上行(将农产品从农村卖到城里)、电商推动工业品下行(将工业品从城市带到农村市场)。中国的农村电商将借此走出一条与现有发达国家完全不同的小农户背景下的现代化道路。

随着互联网的集聚效应和新一代信息技术逐渐渗透到"三农"领域,互联网正成为农业组织形态的新框架、农民生产经营的新工具、农村全面发展的新载体,农村各类资源正在以电商为媒介,跨界整合,助力农民增收。农村电子商务优化了农村经济发展要素结构配置,推动了农村产业格局的转型升级,电商交易主要通过信息、技术等要素进行,其作用机制可以高效率地为人才、资金、土地等要素寻找价值区间,促进城乡市场的要素融合,优化产业链和价值链,使农村电商呈现出新兴业态。

一 平台服务模式带来农村新市场

农村产品销售的市场形态已经形成了线上线下市场并存、工业品下行和农产品上行并存、有形和无形市场并存的市场格局。农村网购市场快速扩大,2022年,全国农村网络零售额达2.17万亿元,同比增长3.6%,中国农产品网络零售增势较好,全国农产品网络零售额5313.8亿元,同比增长9.2%,增速较2021年提升6.4个百分点[①]。农产品电子商务还可以突破地域限制扩大农产品市场,实现全球农产品贸易。电商扶贫开拓新市场[②],在商务部指导下,2019年29家单位组成的电商扶贫联盟,在电商扶贫方面取得了较大进展,已在351个贫困县农产品上行工作中取得了"电子商务扶贫"的初步成效,电子商务成为实现脱贫攻坚任务的重要手段。

---

① 中国食品农产品安全电商研究院:《(2019)中国农产品电商发展报告》,《农业工程技术》2019年第9期。

② 朱海波、张学彪:《产业链重塑视角下的电商扶贫路径选择研究——基于建始县农村电商的案例分析》,《中国物价》2018年第6期。

二　基于平台的农业服务生态系统逐步形成

目前农村电商主要是商品零售，网上批发和服务消费比例不高，商务部等19个部门在2015年8月21日联合发布的《关于加快发展农村电子商务的意见》中提出，按照新型城镇化发展的要求，逐步完善农村电子商务综合服务功能，实现一网多用目标，缩小城乡居民在服务和商品消费上的差距。时至今日，产业链图谱中除了农产品电商还涵盖了信息服务电商、农资电商、综合平台电商以及相应的支撑服务，农村电商生态正在逐步形成。

（一）农产品全新销售模式

电子商务可以完成销售环节的翻转，预售与订单模式、认种认养等模式的出现，使"按需生产"得以实现。"农超对接、农校对接、农餐对接""农产品直采""城市社区农业果蔬宅配""会员制农业""订单农业"等农产品经营模式和农产品网上直销模式等多种销售模式普遍发展，小农户直销农产品给市民的C2C直销模式已经出现，为农业电子商务发展提供了应用基础。

（二）农资服务平台

2014年底开始，以农资生产厂家为背景的（如云农场）平台、综合电商平台（如京东农资）、农资企业自建平台等大量农资电商平台上线，并逐步进入稳定发展期。

（三）科技创新服务平台

出现了一批现代农业科技创新服务平台，使农业科技创新主体（农业相关高校和科研单位）与农业产业创新主体（农业经营主体）直接对接，加速农业科技成果等创新要素在产业间流动，主要有：政府主导组建、科研单位发起、企业自发成立等形式。实现技术服务模式的翻转，从农户找"服务"变为"服务"找农户，农业技术服务人员在物联网等信息技术的帮助下，农户生产服务容量和效率得到有效提升，农业"众筹"模式使技术含量高、转化成本高的农产品生产技术或项目通过平台众筹资金走向市场。

（四）涉农综合电商平台

以撮合供需主体、提供交易服务为核心职能，也集聚发展支付结算、物流仓储、信息发布、质量追溯、品牌设计、技术支撑、金融等配套服务，形成了以涉农产品交易为核心的服务体系。

三 电子商务促进县域农业产业集群的形成

农村电子商务发展初期，由淘宝等核心电商企业的加速发展，在农村出现了电商集聚态势。2013年以来，阿里巴巴、京东、顺丰快递、苏宁云商等平台电子商务巨头纷纷启动农村电子商务战略，农村电子商务领域吸纳的企业类型越来越多。核心电商企业的"裂变瘦身"使得大量依附的中小电商企业集中在一起，最后形成产业集聚[①②]，在工业品下行带动下，在一些区域形成了网商聚集，比如淘宝村、淘宝县域等，并形成了农村电子商务集群生态系统[③]，并涌现了遂昌、沙集、清河等不同类型的县域农村电子商务成功案例。产生了新兴电商企业、金融保险企业、物流配送企业、农村传统供销企业等多元主体组成的农村电商新业态。

（一）县域电子商务产业集群成功模式

1. 小农户抱团发展农业集聚模式——浙江省遂昌县模式

实现"农产品进城"和"消费品下乡"主要通过发展本地综合服务商进行。政府、协会、电子商务综合服务商、网商协同运作，促进本地传统产业的电子商务升级，依托本地化电子商务综合服务商的推动作用，提供农产品电商服务、电商创业服务、农村信息化服务，组织网络分销商，在线下提供整合服务，提供组织货源、统一仓储及发货服务，效率高、流程短，带动本地小网商、小农户，形成全新的"产业+服务"的电商集群生态，此模式的缺点是对于

---

① 李丽、李勇坚：《中国农村电子商务发展：现状与趋势》，《经济研究参考》2017年第10期。

② 金勇、王柯：《基于复杂科学管理的农村电商模式创新及策略》，《江苏农业科学》2019年第15期。

③ 金勇、王柯：《复杂科学管理视角下的农村电商集群生态系统研究》，《决策与信息》2019年第3期。

电子商务综合服务商的依赖性较强。

2. "电子商务+薄弱农村产业"升级发展——江苏省沙集家具产业集群模式

是通过网销实现比较薄弱的传统农村产业化升级的典型模式。农户使用电子商务交易平台与外界市场实现对接,实现简易家具的规模化网络销售,并拉动生产及相关产业的发展,最终形成强势县域家具"电商平台+公司+农户"的家具产销新业态,但是存在品牌、质量、知识产权、监管等问题。

3. "电子商务+强势传统专业市场"转型发展集群——河北省清河县模式

凭借强大的传统羊绒产业和专业市场优势,进行电子商务销售,能利用原有的专业市场高效、低价、竞争力强的供应链,实现产业转型升级,并带动汽配、硬质合金等区域其他传统产业的发展。① 传统的专业市场由于受到地域的限制,销售一直是重点难题,电子商务可以打破僵局,与传统专业市场协调发展、齐头并进,打造良性发展局面,开创了在全国范围内都极具特色的"电子商务+专业市场"新型电商模式,存在同质化、低价格竞争的问题,未能实现品牌化、差异化发展。

(二)县域电子商务成功模式的共同特点

政府在培育和完善电商生态过程中充分发挥引导作用,扶持小网商向集群化、品牌化发展。政府、平台企业、农业核心企业和电商协会合理分工、各司其职、协调运作、共同发力形成区域电商生态。政府方面主要负责组织、领导、调度、协调各地方电商工作,建立电商基地(如电商仓储物流园区等),完善配套设施;淘宝等电商平台方面负责构建、引领"淘宝馆""淘宝村"等的建设;企业、业主、电商各方合作成立电商协会,组建电子商务服务中心

---

① 周宇宏:《"互联网+"背景下农村经济的转型和蜕变——基于河北省6个典型"淘宝村"的实地考察》,《理论观察》2016年第11期。

（或电商公司），培养电子商务专业人才；发动全体农户开设网店，实现抱团发展。

（三）县域电子商务产业集群存在的问题

平台多样化、销售分散化，管理手段落后。"随着农产品电商集群的规模不断扩大，电子商务的影响范围由'农产品销售环节'向农产品供应链上游延伸，直至农资供应和农产品生产，第一、第二、第三产业的协作要求加强，农业产销流程有纵向集成化的趋势，同时横向社会化协作要求加强，管理越来越复杂。过分依赖'电商服务中心'管理，不能全程实现信息化，产销两端信息分散，不能产生信息聚合效应，为农业供应链管理所用。需要研究建立高效的电子商务公共服务信息化流通和管理体系，以提高流通效率，并为仓储、物流、农资服务、技术服务、监管部门等各类相关主体，提供上网开展各自管理和服务的机制。"[①]

四 农村电子商务的关键支撑要素逐渐积累

农村电商集群的发展促进了电子商务发展关键要素的增长，并且实现了以电子商务平台系统为核心的要素系统化配置，包括：政策、技术、人才、基础设施等农业电子商务发展要素逐步积累，为农产品电商经营体系的建立，打下了坚实的应用和发展基础。[②]

（一）国家政策支持

2014—2018年的连续五年中，中央均在一号文件中明确提出了发展农村电商，累计下发了超120件相关电商文件，制定了一系列推动农村电商发展的政策措施，商务部和农业部也已经将支持农业电子商务发展的用水、用网及用地政策落实到位，随着农村电商政策体系的逐渐完善，农村电子商务也能依托良好的环境得到持续的发展，同时电商活动有了新的法律，2019年1月1日，《中华人民

---

① 胡文岭等：《县域农业电子商务动态联盟模式研究》，《现代经济探讨》2016年第11期。

② 胡文岭等：《县域农业电子商务动态联盟模式研究》，《现代经济探讨》2016年第11期。

共和国电子商务法》正式实施;农业标准化体系、土地确权和农业主体认证体系正在逐步建立,农业信息管理数字化体系建立的条件逐步改善;提出"加快建立健全适应农产品电商发展的标准体系建设""支持农产品电商平台建设""完善鲜活农产品直供直销体系"等意见,① 这些政策为农村电子商务发展提供了发展支持。

(二)农业电子商务发展的技术基础得到了不断提升

数字经济时代,数字技术和数据要素是新的生产资料,算法和算力是新的生产力,它们在新的应用场景和数字生态中重塑生产关系。电子商务平台企业处于电商生态的核心组织者地位,具有高效的创新能力,尤其是数据运营能力,通过大数据运营模式从微观上提高了平台企业服务用户的能力,从中观上赋能传统产业升级。云计算、大数据、人工智能和5G的应用,便于涉及"三农"领域的信息聚合和大数据分析的研究。

(三)需求的有利变化

中国农产品的购买主体逐渐向"80后"转移,居民对农产品的需求向高端化、品牌化、差异化发展,加快对农业供给侧进行结构性改革,实现新的供需平衡迫在眉睫,推动农业电子商务的发展。

(四)农业经营主体的有利变化

在农业生产过程中出现了多种组织形式:包括土地流转、土地托管、土地入股、联耕联种、代耕代种、统一经营等,随着组织化程度的不断提高,土地也逐渐实现规模化。截至2018年底,全国范围内的社会化服务组织中从事农业生产托管的达到了37万个,依法登记的农民合作社是2012年底的3倍之多,达到了217.3万家,其中有超18万家为县级以上示范社。农业经营格局的重大变化为农业电子商务发展建立了可靠的组织基础。

---

① 中共中央、国务院:《中共中央 国务院关于深入推进农业供给侧结构性改革加快培育农业农村发展新动能的若干意见》,新华网,http://www.xinhuanet.com//politics/2017-02/05/c_1120413568.htm。

（五）电商技术水平和应用意识逐步提高

以手机为代表的移动终端在农村极大普及，移动电子商务、云计算和大数据的应用逐渐成熟，在广大农村，移动电子商务得到了快速发展。农民的电商意识逐渐觉醒，网上购物和销售在农村正在逐渐形成一种潮流，拥有自己的品牌并通过互联网销售农产品的新型农民不断增多，精通网络营销的农产品经纪人和物流公司的合作催生了价格降低、质量提高的物流和快递共赢的模式，有效支撑了农业电商的发展。

（六）物流基础设施逐步完善

全国正在推进"电商进农村"，到2020年，宽带的行政村覆盖率已达到98%，让快递"村村通"成为现实，投融资机制正在研究健全，农村物流和快递问题在持续改进中，在城市物流末端出现了居委会、便利店、邮局等转变为快递自提点的现象，涉农快递最后100米问题也在逐步解决，冷链物流和农产品质量追溯系统的研究和应用不断创新，成为农业电商发展的设施基础。

以上几方面要素的积累为电子商务和农业流通体系的融合的变迁提供了坚实的应用基础。

五 农村电子商务平台经济优化农业产业链

平台可视作一种通过激活社会资源来实现社会（经济）需求和供给之间的更优匹配的社会性的网络机制，是供需双方直接联系，使用者越多则社会价值越大。[1] 以涉农平台为主导形成的农业产业生态圈，具有快速增长性、共赢增值性和集聚辐射性等特点，在增强农业创新驱动能力，推动农业向新商业、新业态、新产业模式发展中发挥着重要作用[2]。

---

[1] 符平、李敏：《平台经济模式的发展与合法性建构——以武汉市网约车为例》，《社会科学》2019年第1期。

[2] 芦千文：《涉农平台经济：典型案例、作用机理与发展策略》，《西北农林科技大学学报》（社会科学版）2018年第5期。

互联网环境下，传统产业不得不对内部原有的生产模式和流程进行技术改造和组织变革，以适应新的市场发展方向，催生一系列新型产业形式，培育出了多种平台经营主体。[①] 传统农业产业链在互联网平台经济创新驱动下开始转型，并催生出新型农业产业链和多种新型农业生产经营主体。目前在开展农村电商平台方面取得一定影响力的企业主要包括：中粮网、联想佳沃等传统企业转型平台，一亩田、田田圈等新型农业产业链平台，阿里巴巴、京东、拼多多等公用第三方商业平台（包括微信、微博、QQ群等社交平台）。

（一）传统企业实现农业电子商务平台经济转型发展

目前，以中粮（COFCO）、苏宁云商、联想佳沃等为代表的传统企业，通过建立垂直农产品电商平台，实现电子商务转型发展，其中又分成两类，一类是中粮网等传统农业企业，另一类是苏宁云商、联想佳沃等其他行业企业，比如中粮我买网[②]销售产品有农资和农产品销，包括自有品牌和代售品牌，并且带动农户共同发展。

（二）新型农业全产业链电商平台企业的诞生

《农村电商发展趋势报告》中指出，农产品上行不仅是促进农产品流通便利化的一条简单路径，还是重配农业生产要素的一场革命，同时也是一个实现国家现代化的历史机遇[③]。电商扶贫的实践路径日益多元化，农产品供应链将随着农村电商的发展得到进一步重塑，改造农业产业链，推动农业标准生产、品牌销售、产业经营，推动农业质量发展和农业产业结构升级，加快促进城乡农产品流通实现供需平衡，推动农村第一、第二、第三产业的融合发展。

---

① 马秋颖、王秀东：《"互联网+"对农业六次产业化发展的影响及推进策略》，《农业展望》2016年第10期。

② 中粮我买网，http://www.womai.com/Info/newAboutUsInfo.do。

③ 人民网新电商研究院"农村电商发展"课题组：《农村电商发展趋势报告》，人民网，2019年10月16日，http://country.people.com.cn/n1/2019/1016/c419842-31403869.html。

农产品上行的渠道呈现出的短链化特点有助于帮助小农户经营背景下的中国农业现代化之路克服难题。

随着现代供应链、价值链、产业链运营理念的引导，很多农业产业化经营企业向全产业链运营平台模式转型，借助互联网、信息化技术对全产业链资源进行整合，为产业链参与者和利益关联方提供专业化、规模化、配套化的服务支撑，成为主导产业链、供应链升级发展的组织者、引导者。①

例如，北京农信互联科技集团有限公司②基于网络平台的产业链一体化管理模式，包括鱼、猪、蛋产业链，在农信云平台的支持下，构建 PC 和移动 APP 客户端，涵盖服务企业的云管理功能、农产品市场、农信金融等功能模块。

（三）公用平台带动农业产业链整合的现象

自 2018 年起，拼多多、社员网等企业在中国农产品市场中开创了农产品 B2B 交易平台模式，其供应链一般简化为三大环节：销售端电子商务销售+中间农产品标准化环节+生产端的产业集成环节，充分展示了以电子商务技术为代表的"互联网+"农产品向城镇流通的新趋势。电商平台一方面改变了农产品销售方式，为三产融合提供了更多的选择；另一方面通过加工业联动方式充分带动产业链的上下游，打通农田到餐桌全流程，建成全产业链模式。比如：拼多多主要采用社交电商形式展开"预售制"+"C2B"模式"爱心扶贫"项目，"拼农货"体系打造出了农业"超短链"，惠及 4.832 亿消费者和千万级小农户③。

---

① 芦千文、张益：《涉农平台经济：新兴模式、存在问题与发展对策》，《中国科技论坛》2018 年第 9 期。
② 北京农信互联科技集团有限公司网站，https：//ylw.nxin.com/FishManagement。
③ 人民网新电商研究院"农村电商发展"课题组：《农村电商发展趋势报告》，人民网，2019 年 10 月 16 日，http：//country.people.com.cn/n1/2019/1016/c419842-31403869.html。

第四节 电子商务平台企业大数据运营模式赋能产业升级案例

数字经济时代，数字技术和数据要素是新的生产资料，算法和算力是新的生产力，它们在新的应用场景和数字生态中重塑生产关系。电子商务平台企业处于电商生态的核心组织者地位，具有高效的创新能力，尤其是数据运营能力，通过大数据运营模式从微观上提高了平台企业服务用户的能力，从中观上赋能传统产业升级。本节以阿里巴巴为例全面分析了"淘宝数据魔方"及其升级版"生意参谋——市场行情专业版"的实践应用、技术细节和应用效果，介绍了电商平台企业通过大数据智能化决策分析，制定供需精准匹配营销战略的应用模式及数据能力提升的发展过程，为研究大数据赋能理论和应用研究提供参考。

一 阿里巴巴电子商务平台企业大数据运营模式

新一代信息技术革命使数据产生速度前所未有地加快，带来数据爆炸式增长，促成大数据时代的来临。从"业务驱动"转变为"数据驱动"是各行业的决策变化趋势。电子商务平台企业处于电商生态的核心组织者地位，通过高效的创新和系统性数据挖掘，提高平台企业服务用户的能力，使企业为消费者提供的服务更加及时和个性化，形成电子商务平台企业大数据驱动的运营模式，进而赋能传统产业升级。

（一）阿里巴巴大数据运营模式的形成

随着电子商务的迅猛发展，阿里巴巴等电子商务平台企业不仅获得了巨大的商业价值，还拥有着不可估量的大数据资源，为淘宝的决策、发展提供了重要的依据。每天都有上千万的收藏、成交、评价的记录以及关于消费者数十亿的多种商品的浏览记录，这些数据背后都蕴藏着巨大的经济价值，通过进行数据挖掘和数据分析，可以帮助淘宝网站的商家开展运营,辅助消费者进行理性购物。

2010年3月31日,淘宝网在上海正式对外宣布,将首度面向全球开放数据,商家、企业及消费者将在未来分享到其海量原始数据,淘宝网将此项服务命名为数据魔方。电子商务市场开始步入深度服务竞争[①]。2015年9月21日,其升级产品"生意参谋——市场行情专业版"正式上线,功能更全、体验更优、增加了无线行业数据,可以帮助企业商家优化生产策略,提高市场占有率。

(二)"淘宝数据魔方"运营模式

淘宝网通过与第三方专业研究机构合作,提供数据分析、解读、业务建设等服务,协助商家培养其通过读数据指导业务的能力。数据魔方提供的淘词功能是本软件的重磅武器。企业可以通过数据魔方开放的数据进行市场战略分析,进一步制定运营策略和市场推广策略。

1. 如何在实践中应用大数据

一是辅助新店铺定位。数据魔方可以提供线上交易数据,这些数据及时且精准,可以为新店铺的定位给出基础建议。比如,此行业内卖家的数量以及地域的分布数据,何时进入竞争较有优势,包括子行业的占比情况都可以在数据魔方的实时数据共享中得到体现。

二是品牌定位。卖家通过数据魔方能了解到此类目的热销品牌和产品排行数据,公开的信息包括品牌以及子品牌的成交规模和产品成交情况,包括详细的成交金额、成交笔数、客单价、流量来源等[②]。对于传统品牌商入驻淘宝来说,这是必要环节。

三是产品定位。爆款产品的透视是热销宝贝中非常重要的指标,比如通过何种品质和流量可以打造出爆款,包括产品价格、款式细节、颜色、套餐搭配等非常具体的指标,从而帮助卖家选择更好的

---

① 钟原胜:《淘宝的"魔方"》,《互联网天地》2010年第5期。
② 王翔:《基于Hadoop的电信运营商海量数据处理方法的研究与应用》,硕士学位论文,南京邮电大学,2014年。

引流工具。

四是全部的买家行为分析。卖家为了更精细化营销活动,通过查看买家的购买、来访时段的数据,辅助选择直通车活动的投放时间以及宝贝上架时间等。若想了解某个店铺真正的消费群体,可以搜索买家的性别、年龄分布等数据。根据"消费者的购买倾向"做个性化定制、推荐和导购,即满足未来网购的个性化趋势。

五是行业热门搜索分析。搜索是依赖关键词将买家吸引过来,卖家清楚了解某个关键词在淘宝网站的搜索详情数据,就可以通过数据魔方的淘词功能对其标题进行逐步优化,卖家对商品的热搜趋势也可以得到了解和掌握,从而把握当前市场需求。

2. 大数据应用细节

从淘宝公布的资料看,淘宝数据魔方主要提供以下服务功能:通过市场分析、店铺分析、消费者分析、营销效果分析、网站优化等多角度提供企业在淘宝的相关数据,可获得热门品牌排行、热门产品排行,帮助企业关注行业的发展趋势,进行高效、精准营销。

淘宝数据产品的技术框架,通过对数据的流向来划分,可以分为数据源层、计算层、存储层、查询层和产品层等五层结构。数据源层包括主战备库、RAC、主站日志等,计算层对实时流数据进行计算,然后在存储层进行存储,用户通过搜索、查询、浏览等也可生成一系列原始数据[①],如图 3-6 所示。

在数据源层实时产生的数据,通过淘宝自主研发的数据传输组件 DataX、DbSync 和 Timetunnel 准实时地传输到一个有 1500 个节点的 Hadoop 集群上,称为"云梯",在上面,每天有大约 4 万个作业对 1.5PB 的原始数据按照产品需求进行不同的 MapReduce 计算。对实效性要求很高的数据,做流式数据的实时计算平台,即"银河"。它可做实时计算,并且可以把计算的结果尽快刷新到 NoSQL 存储设备中,并且在存储层中有基于 MySQL 的分布式关系型数据库集群

---

① 刘倩倩:《大数据及大数据应用经典案例分析》,《科技风》2018 年第 27 期。

MyFOX 和基于 Hbase 的 NoSQL 存储集群 Prom[①]。但是存储层的构建使得前端产品的使用有一个难题即异构模块不断地增多，而对于此种情况的解决办法就是设计数据中间层 glider，它能以 HTTP 协议的方式提供 restful 方式接口。

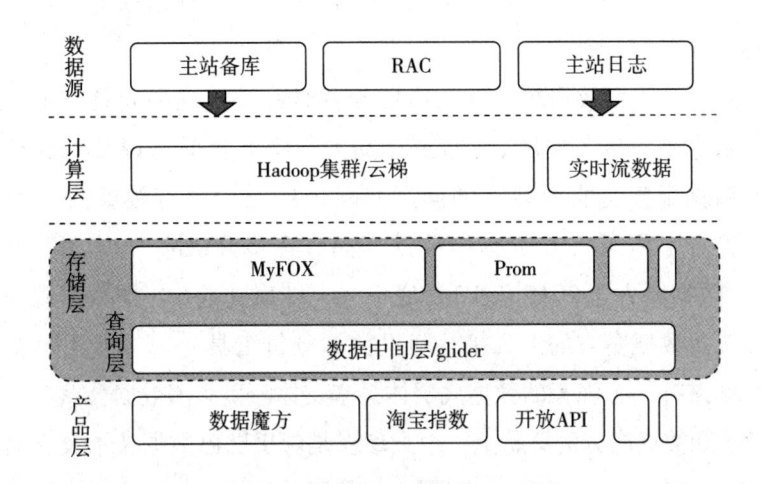

图 3-6　淘宝数据分析系统技术架构

资料来源：根据 CSDN 网站内容整理。

3. 大数据应用结果

数据魔方提供的精准线上交易数据可以帮助指导网店的经营，对于品牌制造厂商而言，可优化生产和营销的策略。数据魔方上线的半年时间，淘宝网将近 2 万卖家通过数据魔方进行参考决策，140 天的时间总计数据调用 260 万次[②]。

数据魔方的应用实质是对数据的解读能力，从某种意义上说，这是淘宝开放平台的延伸，对于数据变化的反应能力也决定了电子

[①] 朱斌：《基于 Hadoop 的日志统计分析系统的设计与实现》，硕士学位论文，哈尔滨工业大学，2013 年。

[②] 薛娟：《淘宝数据掀行业蝴蝶效应》，新浪网，2010 年 8 月 26 日，http://finance.sina.com.cn/roll/20100826/08418550908.shtml。

商务时代的竞争地位,而目前阿里巴巴开放的数据可以在企业建立电子商务核心竞争优势方面提供助力。

(三)从"数据魔方"到"生意参谋"

数据魔方作为第一个提供行业大盘数据的官方产品,和许多商家结下了真挚的情谊,但是多年的变迁,也让它继续服务显得力不从心,数据的一致性,一直困扰着众多商家。

商家在使用数据魔方辅助店铺经营时经常出现的问题,主要包括"数据不一致"问题、"数据产品的集中度较低"以及由此产生的"数据服务功能割裂"的问题,阿里巴巴为了有效解决此类问题,整合了阿里官方所有的数据产品,逐步升级整合为"生意参谋"。数据魔方于2015年12月底下线,结束其近6年的数据服务生涯,接替数据魔方的工具正是阿里数据分析工具——"生意参谋"。生意参谋有一个强大的数据底层体系来支撑阿里集团数据公共层,站在量子和数据魔方的肩膀上。生意参谋是阿里巴巴数据技术及产品团队的重要成果,目前可以实现创新的数据采集体系,其特征主要包括多来源、线上线下全渠道、多屏等特点,可以实现全域数据采集。

1. 生意参谋的功能

生意参谋是阿里官方打造的全渠道、全链路、一站式数据平台,致力于为用户提供经营分析、市场洞察、客群洞察等多样化数据服务,帮助用户全面提升商业决策效率。2015年9月21日"生意参谋——市场行情专业版"正式上线,比数据魔方功能更全、体验更优,如表3-2所示。

表3-2 "数据魔方——专业版"与"生意参谋——市场行情专业版"功能对比

数据魔方(专业版)	生意参谋(市场行情专业版)
第一时间	行业直播
行业大盘	行业分析
子行业排行	子行业交易排行

续表

数据魔方（专业版）	生意参谋（市场行情专业版）
热销店铺排行	商品店铺榜（多维度）
热销宝贝排行	商品店铺榜（多维度）、产品分析
买家购买分析	买家人群
卖家分析	卖家人群
品牌分析	品牌分析
产品分析	产品分析
属性分析	属性分析（属性交易指数）
消费者研究	人群画像（多增加搜索人群）

资料来源：笔者根据阿里云官网内容平台整理。

生意参谋相比较数据魔方具体新增功能如下：

（1）行业直播新增功能：新增大促对比和时段累计图、实时子订单等。

（2）品牌分析新增功能：高转化品牌榜、高流量品牌榜、高搜索品牌榜。

（3）属性分析新增功能：属性排行按照热销属性和组合属性查看、属性详情增加更多组合筛选等功能。

（4）搜索词分析新增功能：新增热门长尾词、核心词、品牌词、修饰词，新增搜索查询关联品牌词、关联修饰词、关联热词，关键词细分更加精准，飙升词更细分。

（5）店铺分析新增功能：新增热销店铺榜、商品榜、本店支付商品榜、行业属性细分数据。

（6）人群画像分析新增功能：新增买家属性、买家偏好，卖家数据分布、卖家行为，新增搜索人群画像，维度搜索词人群详细属性。

2. 生意参谋应用技术细节

在如此庞大的商家群体下，每个商家对于数据的诉求都不一样。中大型商家有自己的数据分析师团队，更希望得到原始数据进行加工与展示；中小型商家希望可以提供更加方便的一键式服务；品牌商希望看到长达数年的历史数据分析。多种多样的分析需求对生意参谋的架构提出了巨大的挑战，云原生数据仓库 AnalyticDB MySQL 具有非常强大的能力，生意参谋与 QuickBI 团队联合后，打造出了"商家自助分析"产品，可以帮助商家定制自己独属的数据报表，使商家对各维度的数据进行实时分析，助力千万商家实现"数据价值的在线化"。

生意参谋选择了 AnalyticDB+QuickBI 一整套成熟的 BI 解决方案。AnalyticDB 可以从任意维度进行查询、筛选、聚合、计算、排序等操作，性能支持亚秒返回，并且支持实时写入，支持大型 ETL 与高并发查询混合负载等特性非常契合商家自助分析业务。QuickBI 完美支持 AnalyticDB 作为数据源头，与商家自助分析业务完美契合。

生意参谋自助服务的本质是一套安全可靠，稳定灵活的 BI 方案。在底层，生意参谋将订购商家数据存放在 AnalyticDB 中，依托于 AnalyticDB+QuickBI 的生态，建立商家项目空间，同时打通生意参谋与 QuickBI 权限体系，支撑起商家自助分析需求[①]，如图 3-7 所示。

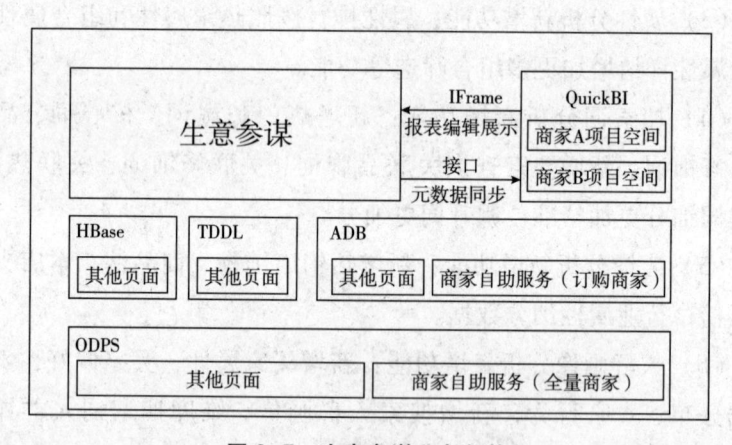

图 3-7　生意参谋业务架构

资料来源：根据阿里云官网内容平台整理。

① 阿里云云栖号：《千万商家的智能决策引擎——AnalyticDB 如何助力生意参谋双十一》，2020 年。

3. 生意参谋应用结果

目前，生意参谋服务过的用户已逾3000万户，淘宝天猫商家中，月有交易的商家，99%以上都在使用生意参谋。生意参谋经过将近十年的发展，已经支撑了99%淘宝天猫商家的决策运营[①]。

生意参谋提供的免费功能主要有：营销推广、流量分析、交易分析等基础的功能，如果要想获得更具体和深入的数据，比如市场行情、竞品分析等功能，要付费购买。对于商家而言，生意参谋提供的经营分析、无线端商品温度计、实时直播、自助取数、选词助手等功能深受好评。

2021年生意参谋团队在给商家的一封信中提到，生意参谋团队带着帮助商家实现业务数据化、用好数据、做好数据化运营的目标而生。面向未来，生意参谋将以更加普惠的形式，降低商家在淘系平台的店铺经营成本，面向淘宝商家和天猫商家免费开放更多版本权益，同时也会更加开放，通过更智能的数据产品，提高商家的洞察及分析能力，实现经营效率的提升。

二　电子商务平台企业大数据运营模式的优势

电子商务平台企业每天的运营产生的报表和数据，蕴含着巨大的价值，通过对数据进行挖掘，可以为企业提供决策依据。促进电商企业以运营驱动数据模式向大数据驱动运营模式转变。

以数据为核心要素的大数据分析可以提高用户体验。大量的消费者购买行为产生的数据，可以使企业把对消费者行为的各种研究具体到某个用户，比如客户的分层、客户的购物周期、购物偏好，以及客户投诉的原因等数据。进行此类的研究，可以使企业意识到与竞争对手的差异因素，从而进行差异化战略以及精准营销，可以为企业改进消费者的购物体验提供建议和指导。

大数据运营模式促进电子商务平台发挥双边网络效应。由于平

[①] 阿里云云栖号：《千万商家的智能决策引擎——AnalyticDB如何助力生意参谋双十一》，2020年。

台企业触发双边或多边用户之间的网络效应，使得交易用户大规模整合，从而达到使交易成本大幅下降的最终目的。这也使平台对用户的吸引力不断增强，形成"滚雪球效应"。这样就可以使平台依靠数据和技术、流量越来越强大。

消费互联网时代，电子商务平台企业在积累的海量数据基础上进行了大数据应用创新和运营模式创新，并实施平台开放策略形成了电子商务平台生态系统，形成实体经济全链条数字化的强大驱动力，为产业互联网的发展打下了技术基础，推动以数据要素为核心的产业数字化向纵深发展。

第四章 电子商务赋能农村产业融合发展问题和需求

第一节 数字经济背景下乡村产业振兴的新契机

在"十四五"规划中,"优先发展农业农村,全方位推进乡村振兴"是一项重中之重,更是社会各界关心的重点议题。这也表明"三农"的工作着力点将全面投向乡村发展及振兴。2021年中央一号文件中提出:全方位推动乡村振兴,加速农业农村现代化进程。深入研究数字经济背景下乡村振兴问题,对积累扶贫经验以及促进发展策略制定有重大意义。

在乡村振兴中,乡村产业兴旺是其中的重要一环,是基础也是关键,而各类生产要素之间的自由流动与合理配置则是其重要支撑。并且随着数字经济高速发展,数据要素在产业振兴中的作用也越来越不可忽视。因此,如何借助新兴的数字信息技术,推动传统农村产业实现可持续发展,是需要研究的问题之一。充分调动各类生产要素,使其发挥重要作用及影响,推动产业振兴,在乡村振兴过程中具有重要的现实意义。

一 学者观点

（一）乡村产业兴旺研究

乡村产业发展落后、缓慢，乡村衰败，是经济与社会发展的一个国际性、阶段性问题。国外的有关研究，大多聚焦在生产要素流动和配置问题对乡村振兴的影响这一方面上。

在乡村振兴的要素研究方面，不同研究者对乡村振兴的核心内容和重要因素有不同的看法。C. H. Gladwin 等对乡村振兴进行了分析研究，他们对美国佛罗里达州北部的乡村进行调查，发现农民创业者的乡村创业精神是美国乡村振兴不可缺少的重要因素之一[1]。不久之后，B. Korsching 等调查了美国乡村的社区团体，将其与加拿大的社区团体进行比较和分析，并剖析了多社区之间的协同合作对乡村振兴的重要意义[2]。X. Bai 等深入研究了乡村振兴的理论及实践活动，对全球化进程下乡村振兴的理论的探索、进步有重大影响[3]。还有一些研究者则是以个案视角对乡村产业兴旺进行探讨研究，A. Nonaka 和 H. Ono 对日本的小规模油菜籽生长进行探讨，分析了日本通过调整自给自足的战略振兴农村经济[4]。

王亚华和苏毅清强调了乡村振兴的重要前提是乡村产业兴旺，农村环境治理有效是基础保障，乡村人民生活水平的提高是本质和最终目标[5]。郭永田对产业兴旺的含义和战略要求进行分析，他不仅认同乡村振兴的基石是乡村产业兴旺的观点，也指出，实现乡村振兴总目标，必须重视农村地区的文明建设和基础生活改进，提高

---

[1] Gladwin, C. H., et al., "Rural Entrepreneurship: One Key to Rural Revitalization", *American Journal of Agricultural Economics*, 1989, 71 (5), pp. 305–314.

[2] Korsching, B., et al., "Having All the Right Connections", *Tvb Europe*, 2000, 108 (3), pp. 72–72.

[3] Bai, X., et al., "Society: Realizing China's urban dream", *Nature*, 2014, 509 (7499), pp. 158–160.

[4] Nonaka, A., Ono, H., "Revitalization of Rural Economies though the Restructuring the Self-sufficient Realm", *Japan Agricultural Research Quarterly*, 2015, 49 (4), pp. 383–390.

[5] 王亚华、苏毅清：《乡村振兴——中国农村发展新战略》，《中央社会主义学院学报》2017 年第 6 期。

第四章
电子商务赋能农村产业融合发展问题和需求

农村人民的就业渠道和创业积极性,进一步提高农村现代化建设①。韩长赋②、周阳敏和桑乾坤③则是进一步阐述了产业兴旺的含义、方向和重点,尽管他们对产业兴旺都有不同的理解和解释,但他们一致认为,首先需要建立现代农业产业体系,之后提高农业生产力和生产效率,继续发展城乡建设和农村产业融合。朱启臻则是从整个社会的视角下对农村经济的振兴发展进行探讨,他认为,产业兴旺的视角不应是单个农村产业链或单个农村的经济发展,而是整个乡村的产业经济进步,而且产业兴旺不能简单对等于农村产业的经济建设和进步,还需要提升农户的收入水平④。袁树卓等认为,实现产业振兴需要重视产业扶贫工作,要将其与产业兴旺紧密结合,并提出了乡村产业的三个发展方向⑤。更多的研究者探讨了推进乡村产业兴旺的具体实施重点和路径。陈炎兵⑥和张建刚⑦的观点类似,他们都认为,应该从以下几点来着手:改革完善相关政策和制度,充分发挥农业市场机制,合理规划农业的实践方向和发展路径,推进产业融合,完善农村基础生活服务、经济体系等举措。姜长云强调可以将着力点建立在对农业供给侧结构进行深化改革之上,将创新能力引入农村产业,提高其竞争力⑧。韩俊认为,加快乡村产业兴旺应做到以下几点:提高农产品质量、健全农村财政的相关政策、

---

① 郭永田:《产业兴旺是乡村振兴的基础》,《农村工作通讯》2018 年第 1 期。
② 韩长赋:《韩长赋:大力实施乡村振兴战略》,《中国农技推广》2017 年第 12 期。
③ 周阳敏、桑乾坤:《乡村振兴战略背景下产业兴旺问题研究》,《河南工业大学学报》(社会科学版)2018 年第 6 期。
④ 朱启臻:《乡村振兴背景下的乡村产业——产业兴旺的一种社会学解释》,《中国农业大学学报》(社会科学版)2018 年第 3 期。
⑤ 袁树卓等:《乡村产业振兴及其对产业扶贫的发展启示》,《当代经济管理》2019 年第 1 期。
⑥ 陈炎兵:《实施乡村振兴战略,推动城乡融合发展——兼谈学习党的十九大报告的体会》,《中国经贸导刊》2017 年第 34 期。
⑦ 张建刚:《新时代乡村振兴战略实施路径——产业振兴》,《经济研究参考》2018 年第 13 期。
⑧ 姜长云:《推进农业供给侧结构性改革的重点》,《经济纵横》2018 年第 2 期。

加大科技创新研发的力度等①。袁树卓等阐述了对农业产业进行支持和扶贫的现实困境，提出了强化制度性供给，加强"钱、地、人"等要素供给等政策建议，并提出建立利益共享机制、进行产业生态转型、创新产业扶贫三个转型方向②。王薇和李祥从农业产业集群治理角度出发，与经济社会学中的赋权理论和嵌入性理论相结合，构建了"主体嵌入—治理赋权"的解释性框架③。

（二）乡村振兴与要素流动的相关研究

国内研究者对要素流动十分重视，他们从多种视角对二者的关系进行了深入探讨。姜长云从如何完善城乡融合着手，指出推动城乡之间生产要素实现平等交换就是乡村振兴这一目标的本质，而且政策上要对乡村发展给予足够的支持。在要素平等交换的过程中，政府要大力引导城市的优质资源和人才流入乡村，参与乡村产业构建④。此外，更多研究者探讨了推进要素流动的具体实施重点和路径。李增刚则从户口管理制度、土地制度改革、资金投资政策等方面，论述了推进乡村实现产业振兴的步骤⑤。张峰和宋晓娜则是采用"物理—事理—人理"的系统方法论，建立生产要素双向流动机制的解析模型，并对该体系中的"物理""事理""人理"的含义分别加以说明⑥。郭珍和郭继台研究并分析了生产要素的投入、整合与配置和收益分配，还分析了对乡村振兴下要素流动及配置等各

---

① 韩俊：《没有真金白银投入，乡村振兴干不出名堂》，《农村工作通讯》2018年第3期。

② 袁树卓等：《乡村产业振兴及其对产业扶贫的发展启示》，《当代经济管理》2019年第1期。

③ 王薇、李祥：《农业产业集群助推产业振兴：一个"主体嵌入—治理赋权"的解释性框架》，《南京农业大学学报》（社会科学版）2021年第4期。

④ 姜长云：《建立健全城乡融合发展的体制机制和政策体系》，《区域经济评论》2018年第3期。

⑤ 李增刚：《农民进城、市民下乡与乡村振兴》，《学习与探索》2018年第5期。

⑥ 张峰、宋晓娜：《乡村产业振兴中生产要素双向流动机制解析》，《世界农业》2019年第10期。

环节而言，高绩效的经济管理结构①。朱启臻在社会学的视角下，认为产业兴旺应包括三个方面：产业结构的多元化、产业内容丰富化、要素的全面系统化②。王雅君提出利用市场机制和数字化信息技术，全面推进全产业链发展，创新新业态新模式③。

（三）产业振兴与数据要素的相关研究

国内外关于乡村振兴的生产要素的研究主要集中于"人、财、地"三个角度，很少从数据要素去进行思考，对物联网、大数据、人工智能等新一代信息技术为主的数据要素在乡村产业振兴的应用与实践尚处于探索阶段。随着数字经济的飞速发展，大数据、人工智能等将在乡村振兴中发挥更多作用。党杨和杨印生以数据维度、决策要素维度、过程维度，以大数据为纽带，构建了"大数据—三表逻辑—系统分析"逻辑的乡村振兴过程决策与效果评估模型④。王铮和唐小飞提出利用大数据、云计算、人工智能技术等信息技术与县域部门相结合形成数字县域，进而支撑智慧农业、实现产业兴旺，为乡村振兴打好基础，并且他们对怎么建设数字县域进行了逻辑推演和建立逻辑框架⑤。王雅君认为，数字要素在乡村振兴的道路上会发挥关键作用，能够帮助建立数据市场，突破建立数字农业市场，壮大智慧农业经济。他指出，数字赋能主要分布于以零售业为主的农产品销售环节，之后是农产品质量安全监管、病虫害监测等领域⑥。丁煌和马小成认为，数据要素驱动数字经济发展治理逻

---

① 郭珍、郭继台：《乡村产业振兴的生产要素配置与治理结构选择》，《湖南科技大学学报》（社会科学版）2019年第6期。

② 朱启臻：《乡村振兴背景下的乡村产业——产业兴旺的一种社会学解释》，《中国农业大学学报》（社会科学版）2018年第3期。

③ 王雅君：《创新驱动要素重组：乡村产业振兴的路径》，《中共杭州市委党校学报》2020年第5期。

④ 党杨、杨印生：《信息化视角下乡村振兴战略规划与决策的大数据逻辑》，《东北农业科学》2019年第6期。

⑤ 王铮、唐小飞：《数字县域建设支撑乡村振兴：逻辑推演和逻辑框架》，《预测》2020年第4期。

⑥ 王雅君：《创新驱动要素重组：乡村产业振兴的路径》，《中共杭州市委党校学报》2020年第5期。

辑可以概括为四个方面：政府统筹、数据融通、场景互联以及多元共治。通过案例分析，政府治理逻辑可以概括为：政府统筹下的多元共治，实现场景关联的数据赋能①。王杰和李治国在构建影响制造业生产率的理论模型时，对数据要素配置和数字经济发展进行了深入分析，发现数字经济发展能够同步达成优化数据要素配置、提升制造业生产率的效果②。张昕蔚和蒋长流对数据的功能和特性进行了分析，并对数据要素的形成原因及过程逻辑进行了解释探讨③。谢康和王帆也从数字经济与金融服务的深度融合角度进行了深入研究。他们认为，数字技术的进步，将进一步影响金融服务的应用与创新④。

  国内外学者关于生产要素的流动、乡村产业振兴等都给出了独到的见解，尤其是国内研究者结合实际对以下命题展开了深入探讨：生产要素流动的基本现状、乡村振兴的内涵和实施重点、乡村振兴战略中产业兴旺的关键作用、产业创新及数字化信息技术的应用、数字技术与金融服务的深度融合等重要命题。这些探讨也为中国的城乡融合与乡村产业发展提供了宝贵的理论资源。

  通过查阅归纳文献、对各位研究者的观点进行汇总和归整，不难看出，中国乡村振兴工作主要有以下难点需要解决：生产要素配置不合理、要素流动机制亟须完善、城乡二元经济结构阻碍要素流动，生产要素错配导致城乡二元体制转化较为滞后、数字经济赋能与领域的发展不平衡，以及数据要素市场亟待健全、数据隐私安全保护机制不够完善、普惠金融服务亟须沉入乡村等迫切需要解决的问题。

---

① 丁煌、马小成：《数据要素驱动数字经济发展的治理逻辑与创新进路——以贵州省大数据综合试验区建设为例》，《理论与改革》2021 年第 6 期。
② 李治国、王杰：《数字经济发展、数据要素配置与制造业生产率提升》，《经济学家》2021 年第 10 期。
③ 张昕蔚、蒋长流：《数据的要素化过程及其与传统产业数字化的融合机制研究》，《上海经济研究》2021 年第 3 期。
④ 谢康、王帆：《数字经济理论与应用基础研究》，《中国信息化》2019 年第 5 期。

（四）"三农"电子商务数字平台经济的研究

"三农"数字平台经济研究主要集中在农产品电子商务和农业信息化领域，研究者们肯定了各类平台可以通过信息机制集聚涉农要素和优化涉农要素配置。首先，农村电子商务研究。汪向东、林广毅和朱海波等研究了电商扶贫，刘刚、洪涛和汪旭辉等研究了生鲜农产品电子商务流通。其次，涉农信息化管理平台研究。芦千文、韩旭、张正和孟庆春等研究了农业互联网平台、产业共生发展平台等，促进信息化、产业化、市场化和标准化，实现各环节协同的机制。最后，"互联网+"农业产业研究。李道亮等专家团队前瞻性地提出了构建农业4.0的设想。马秋颖等指出，"互联网+"农业六次产业化已经成为农业现代化的发展趋势；王山、奉公等研究了"互联网+"农业产业融合；李国英、刘丽伟、李杰义和魏晓蓓等研究了"互联网+"农业产业链。

二 数字经济为乡村产业经济带来的发展与进步

在乡村振兴的建设路径方面，数字乡村建设对实现农业农村现代化和乡村振兴目标都有着非常重要的作用，同时也是发展数字中国的必然选择。5G、大数据、人工智能等新兴技术带来的经济发展为乡村振兴注入的新的活力，带来了新的机遇。

（一）数据要素促进生产效率提升

数据要素的投入使用优化改进了传统"人、财、地"生产三要素的组合方式，利用先进的机器、全面精确的农业检测技术、有时效性的准确数据等，在生产过程中，为超额价值的创造提供了必要条件和可能性，而且在经济活动中降低了信息摩擦的影响。数字技术的进步对经济生产过程中的数据的挖掘、存储、共享等处理能力有了很大程度上的提升，同时也使数据要素的结构、开发使用、处理更加标准化。

因此，信息技术赋能全产业链成为乡村产业的转型和技术升级的关键环节。例如，近年来河北省石家庄市栾城区南高乡南宫村在栾城区农业结构调整政策影响下，通过改进种植模式、增加技术手段、扩大农产品产业链等方式，坚持发展有本地特色、效益高的种植业，去年生姜种植面积约 700 亩，截至 2019 年，已经超过 2000 亩。生姜种植业也在栾城区"加快农业供给侧结构性调整、实现乡村振兴"工作亮点中脱颖而出。

（二）数字技术推动乡村农产品销售模式创新

随着数字技术的发展进步和城乡差距的进一步缩小，依托要素双向自由流动的背景，越来越多的乡村居民有机会能够接触到外界，并被外界的数字技术影响，新的农产品销售方式也随之出现。此外智能手机、平板等智能终端不断普及，使得移动互联网逐渐成为各大互联网媒体、电商平台更加青睐的媒介与技术。与传统农产品销售模式不同的是，电子商务不受区域影响，这种特性可以有效帮助乡村产业突破场地限制，跨地区营销。以大数据、人工智能、区块链等为主的数字信息技术和以淘宝、京东、抖音直播等为主的农产品数字营销平台，使农产品销售方式逐渐多样化、智能化、灵活化，完成了农产品的跨区域销售，极大地加快了乡村产业兴旺的步伐。

这既是机遇也是挑战。现如今由于关于数据的法案不够完善，对数字平台的客户信息数据的保护及监管不到位等，使得数据采集及使用存在不容忽视的安全风险。

（三）数字技术为乡村普惠金融带来新的可能

新型农业经营主体现在面临的现实问题主要有三个：融资难、融资贵、融资慢。农村产业正随着乡村振兴政策的落实迅猛发展，而金融支持是实现现代农业产业发展不可或缺的要素。因此，旺盛的金融需求也相应产生。随着人工智能、大数据、云计算等数字技术的发展，乡村金融服务水平也得到了显著提升，丰富了乡村金融服务的层次和模式。通过大数据、云计算、5G 技术、区块链、隐私计算等技术实现乡村信用体系建设，获取更加全面的、更加具有时效性的数据信息，多部门多行业及时沟通和加深合作，助推建立更加广泛的乡村信用体系，加速乡村产业振兴。

但金融支持乡村产业振兴存在信息不对称、经营、风险与收益不对等、规划不合理等问题,这使得很多商业金融对乡村产业望而却步。因此,为了加深数字经济与乡村金融的互动融合,更需要发展沉入农村、成本较低的普惠型金融服务。

三 农村电子商务政策支撑

农产品电商自1998年起步,一直到2019年正式实施《中华人民共和国电子商务法》,中央政府出台的正式文件约有200项,此外各级地方政府也出台了数以万计的相关政策。由此不难看出中央政府和各级地方政府对农产品电子商务的发展关注度是非常高的,在每年的"中央一号文件"中多次提及农产品电子商务的发展重要性,这些都为形成高效的政府政策支撑环境提供了有力支持。自2007年起,中央政府和各级地方政府发布的一系列文件推动了营商环境的形成,扶持了电子商务的发展,为建设农村电子商务平台、实现农村电子商务产业转型升级奠定了基础。

第二节 电子商务赋能农村产业融合发展问题

目前,中国农村区域存在农业产业链短和产业融合程度低的问题。农村信息化水平需要提高,农业电子商务企业盈利困难,农村电子商务平台经济与农村产业融合发展面临许多现实问题。

一 农产品流通中"卖难买贵"问题

(一)农业产业链短

中国现有农业制度下,各主体相对独立,缺乏固定的组织形式,是一种松散的多对多关系。松散的多对多关系,造成农业产业链较短,农产品流通中存在"卖难买贵"问题。

农业产销流程中生产流通主体分工明确,规模小、数量多,流通环节多,而且生产和流通各环节没有固定的组织形式,大多是临时的、口头契约关系，是一种松散的多对多关系。传统农业产业链基本构成主体（实线框）是：农资生产者、农业生产者（种、养）、农产品加工者、农产品消费者。在基本构成主体之间又存在许多中间主体（如虚线框），包括农资经销商，农资零售商、农产品收购商、农产品批发商、农产品零售商、农产品存储者、物流者等流通主体，从事第三产业（流通）。各主体间存在信息流、资金流、物流和事务流等的流动，其构成如图4-1所示。

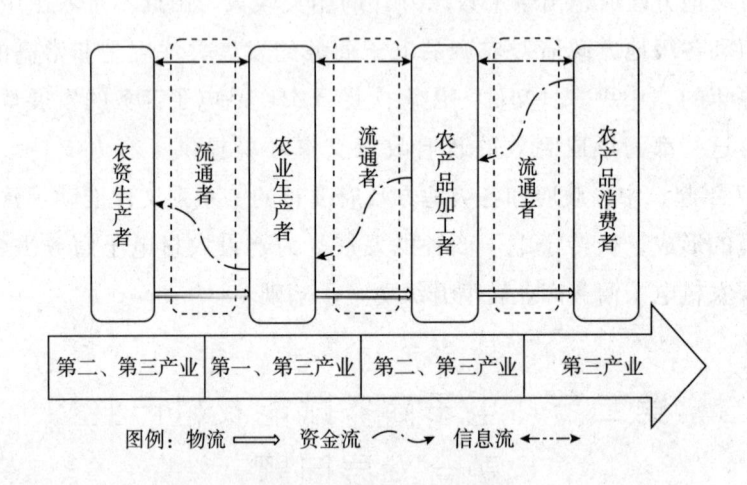

图4-1 传统农业产业链

（二）农产品流通中"卖难买贵"问题的成因

从信息流分析，过去信息相对闭塞的环境，信息不对称现象严重，对农业生产者产生不利影响，由于过度依赖中间主体进行流通，生产者没有产品定价权，价格逐级加价，农产品以产地几倍的高价到达消费者。

从资金流来看，农产品消费者付出了较高的购买价格，但是最终归属于农户的收益很低，同时，由于农资流通者的存在，农户不得不付出比出厂价格加价很多的价格购买农资，双重作用下，使农户收益非常低，农户是这个产业链的最弱势群体。

从流通角度分析，如果市场的各种不确定性发生时，交易成本中任何一项达到阈值时，比如某一环节的信息搜寻成本或物流成本增大到收购者或批发商觉得无利可图时，断点情况就会发生。造成整个产销链条的崩塌，使单次产销流程组织活动失败，多次失败活动的叠加表现为农产品局部的严重滞销，造成"卖难"。

从生产角度分析，消费者的有效需求很难传达到生产者，造成盲目种养现象普遍存在，造成"卖难"。同时，信息鸿沟的存在，使农户获得农业生产先进技术的成本也比较高，流通环节多，造成政府监管困难，放心、安全的高端农产品的稀缺，"买贵"现象出现。农产品的低质高价现象很普遍，不利于提升农业生产品质。

二　信息鸿沟仍然存在

由于沟通技术落后和广阔的地域限制，城乡之间的信息鸿沟，造成各环节之间双向的信息不对称。整个系统的信息分散化、无序化，信息熵较大，造成流程各个环节之间存在较大的交易成本，主要包括信息搜寻成本、物流成本、流通过程的资金成本和违约成本等。这些和生产成本的叠加，使中国农产品很难和国外农产品竞争。不符合供给侧改革提品质、降成本的要求。从信息下行角度看，整个产业链生产端和需求端的信息不匹配，市场信息不能顺畅地传导到供应端，政府和科研院所掌握了很多信息，虽然农民的移动终端应用率非常高，但是，信息并不能抵达农户的移动终端。需求信息和先进农业技术很难直接到达农户，处于弱势的农民，只能被动地成为利益分配谈判中的接受方。从生产角度看，农户掌握了大部分的生产信息，由于信息鸿沟的存在，给流通者和政府监管者造成了障碍。双向信息不对称的共同作用，形成"卖难买贵"问题。

三　公共信息服务投入不足

在公共信息服务方面，存在农村信息化平台服务不足，公共信息服务投入不足，农业产业化龙头企业信息化管理水平需要提高，政府部门信息服务供给和新型农业经营主体的信息需求匹配度低等问题。

第一，农村区域信息化平台功能有限，渗透率不高，农民的信息化软件缺乏，在农村地区需要进一步提高信息化平台的应用水平。

第二，存在信息孤岛现象。政府拥有最大的信息储备，作为农业产业化和农业信息化的创造者，需要进一步开放信息资源。政府应制定好全局的信息战略规划，积极投资建设公益性项目，各部门间分工协作，避免产生信息重叠或"信息孤岛"，实现农户方便快捷地获取到所需信息，实现传统农业向信息化农业的发展。①

第三，农业产业化龙头企业信息化管理水平需要提高。规模小、行业分散，使得龙头企业带动能力弱。中国目前涉及农产品加工的企业数量已达 50 万家，2017 年农产品加工业总产值达 19.4 万亿元，虽然行业发展势头好，有广阔的市场前景，但农产品加工企业一般无法形成规模，行业分散，使得农产品加工的总体水平整体偏弱，无法发挥产业融合引领作用。

第四，政府部门信息服务供给与新型农业经营主体信息需求无法完全匹配。由于在信息获取过程中存在准确性低、获取难度大、数据不及时、信息不完善等情况，各项政策措施难以按预期落地。因此，应当从信息渠道和新型农业经营主体认知两方面着手，一方面，拓宽信息渠道，为经营主体提供便利的途径；另一方面，应当激发经营主体的主动意识，自发获取信息，充分发挥市场在信息资源配置过程中的促进作用。②

四 农业电子商务经营问题

农产品电商盈利困难，需要研究如何大幅降低农业产销流程的交易成本和管理成本，构建新型电子商务经营体系。

---

① 李优柱、潘文杰：《一种新型养殖经营模式的信息平台分析与设计》，《安徽农业科学》2008 年第 9 期。

② 阮荣平等：《"互联网+"背景下的新型农业经营主体信息化发展状况及对策建议——基于全国 1394 个新型农业经营主体调查数据》，《管理世界》2017 年第 7 期。

第四章
电子商务赋能农村产业融合发展问题和需求

目前,以中粮、一亩田、联想佳沃、西域美农等为代表的农产品电商超过 4000 家,尽管投入了大量资金建成了电子商务平台,但是精细化管理手段匮乏,造成农产品电子商务交易成本和管理成本居高不下,大多数农产品电商盈利困难,盈利模式缺位,"空运营"现象严重,能够实现盈利的生鲜电商企业屈指可数。纪伟指出,生鲜电商当前机遇与挑战并存,虽然生鲜行业有着有利的政策支持,竞争环境相对宽松,利润和发展潜力巨大,但冷链物流同样存在着生命周期短、品类少、难保存、成本高等弊端。[①] 平台多样化,销售分散化,粗放式管理,无法满足农产品全供应链式管理要求,已经不能适应发展需要。

在中国工业领域电子商务的极大发展的环境下,县域农业电子商务出现了一些成功案例,比如遂昌、通榆、成县等,普遍依托公用第三方平台(阿里巴巴、京东等)、社交媒体平台(微信、微博、QQ 群等)、各级政府以及企业自建农产品电子商务平台销售农产品,并建立县域电子商务社会化协作体系,实现小电商的抱团发展。但是,电商集群规模的扩大会导致管理范围由"农产品电商销售"向"农产品生产"直至"农资供应"扩展,第一、第二、第三产业的集成化协作要求不断加强。

五 产业融合程度不高

当前农村三产融合依然存在着农业与第二、第三产业融合程度不高、规模小、行业分散、龙头企业带动能力弱等问题。很多农户只从事生产,不从事加工、物流、销售,导致产业融合链条短。部分农户在与企业合作时缺乏信任感,第二和第三产业的利润难以惠及一线农户,有的地区三产融合还存在同质化,没有新技术、新业态。万宝瑞认为第一、第二、第三产业融合增值空间受限主要是由于农产品营销水平较低以及农村电子商务发展迟缓[②]。农产品营销

[①] 纪伟:《我国生鲜电商发展现状及对策分析——以京东商城为例》,《市场研究》2015 年第 5 期。

[②] 万宝瑞:《我国农业三产融合沿革及其现实意义》,《农业经济问题》2019 年第 8 期。

水平和农村电子商务、农村物流发展滞后，使第一、第二、第三产业融合增值空间受到限制。加工、流通、营销等环节是农业价值链的主要组成部分，但是由于农村的营销水平较低、供应链、物流、电商等基础薄弱，导致产业链绝大部分环节利润都没能留在农村。

第三节　电子商务赋能农村产业融合发展要求

在当今社会经济转型时期，新一代信息技术创新正在不断推动产业形态深度变革，《数字战略》明确指出了信息化在构建乡村经济发展体系中的重要作用。中央在发布的多个文件中提出了"发展农村第一、第二、第三产业融合发展体系"，通过延长农业产业链、完善利益链、提升价值链三项举措，建立健全农产品产销稳定的衔接机制。

一　发挥电子商务平台经济的产业组织功能

"互联网+"产业的最主要的任务是凭借互联网平台和信息通信技术的优势，将传统行业与互联网相融合，提高传统产业运营效率，营造新发展生态，推动整个社会实现更低运营成本、更高环保效果的发展目标。因此，通过验证产业转型速度是否得到了提升、产业新形态是否出现、用户的最终需求是否得到了满足、资源利用效率是否有效提高即可检验"互联网+"是否发挥了预期作用。[①] 随着"互联网+农业"新业态的日趋完善，农村发展要素正在不断积累、相关研究正在增加、应用环境也得到了改善，但是成熟的电子商务技术与农业产业的有机结合仍然不太成熟，这是发展农业电子商务的重中之重，因此探索农业经营管理与信息技术高效结合方式

---

① 张来武：《以六次产业理论引领创新创业》，《中国软科学》2016年第1期。

对于农业电子商务的发展仍具有非常重大的意义。

二 弥补数字鸿沟促进资源要素在城乡间合理配置

为了解决当前乡村数字化发展过程中存在的问题,《数字乡村发展战略纲要》提出在乡村振兴中进一步解放和发展数字化生产力,推动农业升级、农村进步和农民发展;对城乡信息化融合发展体制机制进行创新,弥合"城乡数字鸿沟",引导城乡之间人才、技术、信息、网络等关键资源要素的合理配置,使得城乡"数字鸿沟"到2025年明显缩小,到2035年时大幅缩小①。

中国农村产业结构调整和城乡关系调整的两个基本点是:城乡一体化与农业产业化,两者互相促进②,程天云等提出农业产业化是实现城乡一体化的关键环节和必由之路,农业产业化可以推动城乡一体化目标早日实现③。针对当前中国城乡差距加大的现状,《中共中央 国务院关于实施乡村振兴战略的意见》提出了建立"新型工农城乡关系"的要求,指出了新型城乡关系发展的方向,其主要内容包括:在资源配置中确定市场的决定性地位,城乡要素自由流动;"工农互促、城乡互补、全面融合、共同繁荣"④,同步发展"四化"⑤。《乡村振兴战略规划(2018—2022年)》中进一步提出了缩小城乡差距、城乡融合发展的具体目标:"到2020年,进一步提高城乡基本公共服务均等化水平,城乡融合发展体制机制初步建立,农业供给体系质量明显提高,农村第一、第二、第三产业的融合发展水平进一步提升;农民增收渠道得到进一步拓宽,城乡居民

---

① 中共中央办公厅和国务院办公厅:《数字乡村发展战略纲要》,中华人民共和国中央人民政府网,http://www.gov.cn/zhengce/2019-05/16/content_5392269.htm。
② 冯雷、崔月华:《论农业现代化、农业产业化及城乡一体化的关系》,《山东省农业管理干部学院学报》1999年第4期。
③ 程天云:《依托农业产业化推进城乡一体化的机理与对策研究》,硕士学位论文,浙江大学,2004年。
④ 中共中央、国务院:《中共中央 国务院关于实施乡村振兴战略的意见》,新华网,http://www.xinhuanet.com/politics/2018-02/04/c_1122366449.htm。
⑤ "四化"是指新型工业化、信息化、城镇化、农业现代化。

生活水平差距持续缩小。"① 城乡服务均等化和融合基本机制工作到 2035 年基本完善。

三 发展农村平台经济促进农村产业融合

2019 年 2 月，商务部《关于推进商品交易市场发展平台经济的指导意见》② 指出，发展平台经济，引导农产品市场强化产销对接，在农产品市场发展过程中，对农产品生产、流通和消费全过程中加强现代信息技术的应用工作予以支持，搭建产销对接平台是对线上线下进行双线融合，拓宽农产品产销渠道。背靠平台优势搭建产销一体、订单农业等产业模式，在农产品加工与流通环节中增加农民参与度，使农户与消费者和消费市场深度接触，形成长期稳定的合作模式，提高第一、第二、第三产业融合效果③。《数字战略》提出了"互联网+"农业产业的发展要求："在乡村因地制宜，发展'互联网+'特色主导产业，打造融合创新、感知体验、要素集聚、智慧应用的'互联网+'产业生态圈，辐射并带动乡村进行创业创新。"④ 坚持以消费需求为导向，提高供给质量，农业产业化能够使农民具备根据市场需求组织农业生产的能力，促进农产品加工业等第二产业和物流等服务业为代表的第三产业的发展，它会聚合资源，促进信息、技术等生产要素的双向流动，促进农业产业结构调整⑤。

---

① 新华社：《乡村振兴战略规划（2018—2022 年）》，中华人民共和国中央人民政府网，http://www.gov.cn/zhengce/2018-09/26/content_5325534.htm。
② 商务部等 12 部门：《关于推进商品交易市场发展平台经济的指导意见》，中华人民共和国商务部网站，http://www.mofcom.gov.cn/article/b/d/201902/20190202838305.shtml。
③ 中共中央办公厅和国务院办公厅：《数字乡村发展战略纲要》，中华人民共和国中央人民政府网，http://www.gov.cn/zhengce/2019-05/16/content_5392269.htm。
④ 中共中央办公厅和国务院办公厅：《数字乡村发展战略纲要》，中华人民共和国中央人民政府网，http://www.gov.cn/zhengce/2019-05/16/content_5392269.htm。
⑤ 农业农村部等七部委：《国家质量兴农战略规划（2018—2022 年）》，中华人民共和国农业部，http://www.moa.gov.cn/gk/ghjh_1/201902/t20190218_6172089.htm。

第五章

电子商务赋能农村产业融合发展路径

第一节 电子商务赋能农村产业融合发展的基础

一 农村第一、第二、第三产业融合的类型

中国农业大学农业规划设计研究院在全国农村产业融合发展研究报告中从产业链和主体两个维度进行分类[①]，如表5-1和表5-2所示。

表5-1　　从产业链维度分农村产业融合的三种类型

模式	具体做法
农产品加工销售型	主要利用本地的特色农产品进行加工，相关食品的加工与销售，或开展"前店后厂"模式
产+销综合型	主要通过当地的龙头企业带动区域经济，农产品生产、加工、销售、餐饮等综合一体化发展
休闲服务型	根据当地农业或文化特色资源，参与农活体验、开展乡村旅游、体验特色餐饮住宿等
农产品直销型	通过建设农产品直销店、农产品销售电商网店等

---

① 《全国农村一二三产业融合发展研究报告》，北京中国农业大学农业规划设计研究院，2021年。

表 5-2　　从主体维度分农村产业融合的四种类型

模式	具体做法
农业生产者向后延伸型	以从事农业生产的专业农户、家庭农场、农村合作社为主体,在发展一产的同时,开展农产品加工、销售、餐饮或者观光体验
龙头企业引领型	以龙头企业为主体,立足于有关农产品加工、农产品流通,不断前沿后伸强化农产品产业链条首尾建设,进而带动家庭农场和农民合作社共同发展
企业集群型	在一定区域范围内受龙头企业吸引而形成上下游的金融、信息等配套产业集聚发展,形成该区域经济的增长极
农业生产化联合体型	农业生产行业与食品加工、流通企业等上下游主体进行关联,以达到共享资源,以契约、章程约定等各种形式构建组织联盟的目的,实现基地生产、加工技术、销售网络和品牌优势等各方面有机结合

农村第一、第二、第三产业融合的主体是农村第一、第二、第三产业融合的运行载体,也是实现农村第一、第二、第三产业融合的路径。目前农村第一、第二、第三产业融合主体主要依靠当代农业新型经营主体,不同类型的经营主体在农业发展中有不同的功能,主要分为以下四种。

谭明交提出从产业维度分为农业产业链延伸型融合、农业产业与其相关产业交叉型融合、先进技术要素对农业产业的渗透型融合三种融合类型。[①] 农业产业链延伸型融合发展是指以农业为中心,改变农业产业链的过程,向前后链条延伸、中间扩展。农业产业与其他产业的跨类型融合发展是指农业产业跨越传统农业产业的边界,与其他产业改变产业链的过程。农业产业除了与旅游产业交叉融合,还可以与文化产业进行融合;例如乡村爱情电视剧品牌就属于农业产业与文化产业交叉融合。先进技术要素对农业产业的渗透型融合,形成了互联网+农业、农业电商、众筹农业。

---

① 谭明交:《农村一二三产业融合发展:理论与实证研究》,博士学位论文,华中农业大学,2016年。

二 涉农电子商务为农村产业融合提供新发展环境

中国涉农电商经过20多年的发展，从最初提供涉农信息平台服务，发展到在线交易服务，电子商务发展的要素逐步积累，自2015年开始，随着产业互联网应用模式的发展，农业电子商务进入到产业体系阶段。电商的核心业务内容，从交易端逐步向供给侧延伸，通过电子商务平台农村产业逐步对接大市场，根据消费端的需求，来组织农村产业的要素配置，融合城乡市场的资源，为农民提供一体化、集成化、产业化、社会化服务，推动农村产业体系转型升级和结构优化。表现为以下几点：

第一，融合的基础要素在农村电子商务业态发展过程中逐步增长，包括：电子商务支撑技术、农村物流快递和电子商务站点等基础设施、农业电子商务基础数据、农民电商意识、县域领导的信息化管理意识和县域管理模式。

第二，农村电子商务服务生态逐步形成，包括：金融信贷、物流快递、农业技术等服务，为农村各产业融合提供了基础环境和基本条件。

第三，涉农相关电子商务平台是融合实施的基本组织形式和推动力，主体包括：新兴的农业全产业链企业平台、公用第三方平台企业和转型发展电子商务的农业龙头企业平台。

第四，涉农平台经济双边市场形成，包括：网上农资、网上生产技术服务和海外市场等，与传统农业市场冲突、互动，融合构成新平衡，形成更大的共同市场。

第五，融合产生了各种平台经济新业态，包括：农村电子商务集群、全产业链管理形式、农村产业集聚和电商扶贫等新形式。

总之，现代信息技术的快速发展促进了第一产业、第二产业和第三产业的融合发展。随着信息技术不断飞速发展，信息与传统的生产、加工、流通、管理、服务和消费各环节融合，极大地提升了技术水平，完善了农村互联网基础设施和物流体系，延长了农业产业链，催生了电子商务新产业、平台经济新业态，培育了新增长点，形成了农村平台经济新市场，为实现新时代农村第一、第二、第三产业融合发展提供了环境基础。

第二节　数字经济环境下乡村产业振兴的三大要点

在乡村振兴五大要求、三种治理结构以及经济社会学二元经济结构理论等基础上，建立数字经济环境下乡村产业振兴基本框架需要基于以下三大要点。

一　建设乡村基础设施和提供公共服务为基本点

完善该两点是为城市和乡村的要素双向合理流动打基础，满足乡村产业兴旺需求。然而，长期以来，中国乡村因为资金流入少、规划不合理等原因导致农村的以现代化农业基地及水利设施（灌溉渠道、农田桥、排水闸等）、交通、供水供电、生活垃圾处理等为主的基础设施不足，以城乡教育配置不平衡、乡村医疗资源配置不完善、乡村社保福利等社会救济覆盖不全面等为主的公共服务水平低，这严重阻碍了乡村振兴的脚步，使乡村振兴与乡村建设不平衡不配套。所以，建设乡村基础设施和提供公共服务势在必行。

二　解决传统三要素的矛盾为关键点

没有"人、财、地"要素自由流动、合理配置的各项生产要素，中国乡村产业也就不能够全面发展及繁荣。"人"即乡村劳动力，而由于户籍政策和城市虹吸效应，大量乡村劳动力单向流向城市，乡村结构也随之产生变化。"财"即农村资本，而由于农村产业风险与收益的不合理、农户经营没有适当规划、不能集中经营等原因，致使农村资金短缺，资金流出远超过流入。"地"即乡村土地，而由于中国农业生产带有小农经济的特点，使得乡村人多地少、经营规模不适度、经营过于分散。因此，对于乡村振兴来说，解决其与传统三要素的矛盾是必行之举。

三 加快乡村数字经济的发展为增长点

数字经济对经济社会的发展不可缺少，而将其与乡村、"三农"有机结合，将会为乡村产业兴旺提供极大的助力。发展需要创新，相比于"劳动力、资本、土地"三个传统生产要素，数据要素越来越不可忽视。数据要素在乡村振兴中的主要作用可以大致分为以下几点：

①"三农"相关信息是乡村振兴实践过程中必不可少的一环，而这些信息需要信息技术进行整合归纳。不仅如此，通过分析数据要素，并将数据资源运用于乡村产业中，加快数字产业化和产业数字化进程，促进乡村产业转型升级。②以大数据、5G、人工智能为主导的数据要素以要素的形式在经济体系中，与传统的"人、财、地"三要素动态联动，与人才链、资金链、创新链上的不同主体、不同要素进行有机融合，以大数据等信息技术赋能全产业链，为乡村产业兴旺奠定基石，加速乡村产业振兴。例如：数字技术与劳动相结合，使农作物种植、生长、收割收获过程中，不仅减少了人工费用，使该过程更简单有效，还增加了农作物检测手段，提高农产品产量和质量。③在助推数据要素与其他生产要素进一步动态联动中，在推动乡村产业数字化和数字产业化进程中，在推进数字技术的开发应用的过程中，都需要政府的治理和支持，加快乡村数据要素市场的建立。政府需要主导在乡村振兴过程中的数据要素供求机制和价格机制上的构建与规划。同时，政府还需要主持数字资源的挖掘、存储、共享和开发利用，并使这个过程更加标准化和结构化。应加大乡村振兴中数据要素市场的建立力度，继续推进数据要素与"三农"的有机结合，加快乡村数字经济与市场的发展。

第三节 基于电子商务的农村产业融合系统框架

在电子商务环境下,研究用电子商务为代表的信息技术解决农村产业融合问题,研究电子商务和农业经营管理结合的有效途径,以信息技术为"使能器"提升传统农业产业链的效率,把成熟的电子商务技术与农村第一、第二、第三产业有机结合,形成技术、人员、资本等跨界资源集聚的农村产业融合系统。

一 基于电子商务平台的农村产业融合发展框架设计

实现符合农业现代化发展趋势的产业融合发展形态,需要立足于"以农民为本"的价值理念,让农民成为最大的受益者,建立信息共用、利益共享、风险共担的平衡机制平台,着力打破各环节孤军奋战的旧格局,信息供需自由匹配,以信息要素带动要素自由流动,提高配置效率。最终形成如图5-1所示的以生产端为中心的电子商务环境下农村产业融合系统框架,实现技术、组织形式、产业链、利益分配机制的E化(电子商务化),政企社研农业产业化联合体。

(一)以农业生产为中心的四方服务主体

1. 电子商务(EC)营销服务

以电子商务平台为媒介的消费电子商务,实现以市场为导向的电子商务大数据营销,组织形式可以是:平台+合作社+农户、平台+农户,实现先产后销或先销后产。

2. 产业化销售服务

当前,消费与服务已经完成向新型消费与新型服务方向的变革,传统制造与流通业态正在向现代供应链经济业态变革。供应链是以某一核心企业行业与其上下游之间形成的一条流通链,也是现代企业的一种新型经营思想。而供应链经济是利用供应链的思想和农业产业互联网的工具而形成的一种新制造和新流通业态，是一种半计划与半市场相融合的经济业态。组织形式为：政府支持+龙头企业+合作社+农户、采购农资+技术服务+生产+加工+品牌，形成以产业化龙头企业为核心的纵向一体化。

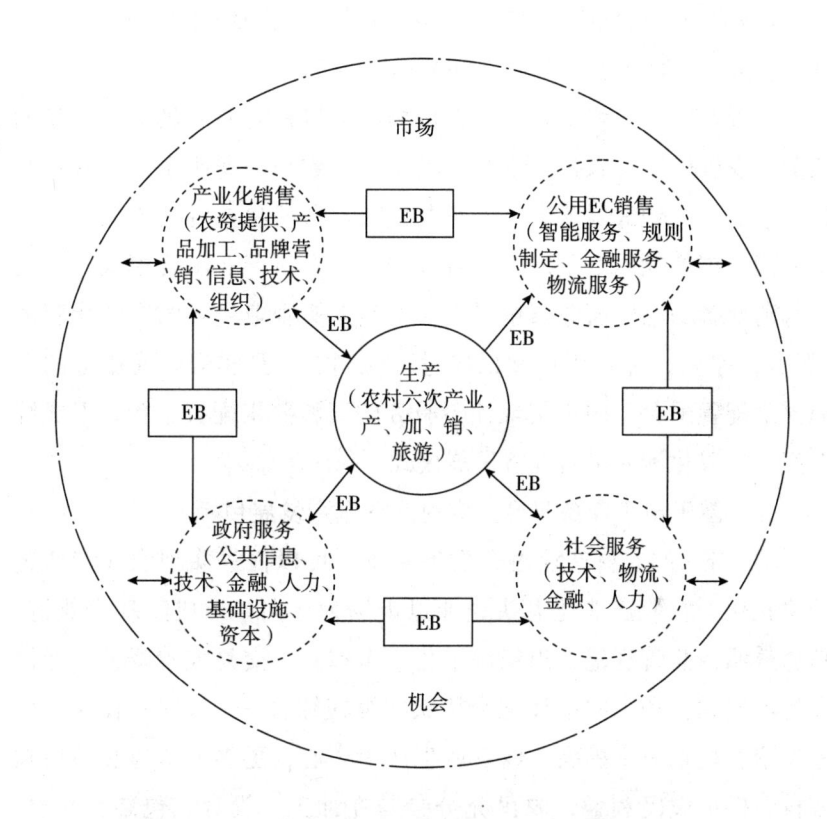

图 5-1 电子商务环境下农村产业融合系统框架

3. 政府服务

提供公共产品和公共服务是政府的职能之一，包括搭建信息服务平台，信息服务平台发挥引导作用、规划作用、监管作用，提供基础设施、公共信息开放。

4. 社会服务

首先，要鼓励科研院所牵头开展第一、第二、第三产业融合发展，农业科研、教育机构增强科技服务，助力农产品供给侧提质增效。其次，高校科研机构主导的消费扶贫、技术扶贫等，提供销路、提供技术、人力支持、金融扶持。最后，物流、金融等社会服务机构主导的市场销售，组织形式是：物流企业+合作社+农户、库存企业+农户、物流企业+农户、科研机构+合作社+农户等。

（二）主体间电子商务（EB）信息匹配

实现要素集聚和小农户与大市场的衔接，需要满足下列信息的匹配：农资供应与农户、农户与消费者、农户与龙头企业、农户与物流企业、金融等服务者、农户与院校、科研机构等技术服务。主要从四个维度发展电子商务平台（EBP）农村产业融合模式，一是面对消费者的电子商务营销平台。二是龙头企业主导的产业化管理（服务）平台，加强生产和供应过程控制。三是实现政府服务的资源要素配置平台。四是实现社会服务的资源要素配置平台，形成综合型、集成化涉农平台经济发展模式。

二 基于电子商务平台的农村产业融合发展目标

基于 EB 的农村产业融合发展系统，可以促进实现农业产业链的块状化，农业产业化龙头企业以市场为导向，形成闭环产业链，信息透明，监管规范，组织扁平化、虚拟化，交易成本降低，变链状的横向联合和纵向一体化为块状的纵横综合——块状一体化，要素集聚，配置效率提高。以农业生产为中心，更多的增值收益留在农村，保护农民利益，农民充分参与在加工、设计、包装、仓储、运输、销售等下游环链中，分享利益，实现利益分配透明化规范化，便于政府实现监管 E 化，产业结构更加合理。

三 基于电子商务的农村产业融合发展框架的优势

平台经济新增了高效的沟通链接方式，实现了价值链和产业链的分裂与再整合，重新划定效率导向的"市场势能"[①]。涉农平台即为涉农产品、要素、信息交易提供服务的平台；涉农平台经济以涉

---

① 李凌：《平台经济发展与政府管制模式变革》，《经济学家》2015 年第 7 期。

农平台为主导，通过集聚整合资源、提供直接交易载体、发挥服务支持作用，吸引交易关联方组成新的经济系统，引发原有经济或产业系统的裂变升级。参与者由需求方与供给方用户、平台型企业和平台支撑者组成，如买方客户、卖方客户、电商运营企业和为电商平台提供服务的企业等共同组成涉农电商平台系统①。

电子商务系统本质是管理信息系统（MIS），具有要素配置的功能，实现IT技术和管理的有机结合，属于社会技术系统。以网络化、融合化、共享化、增值化为特征，整合资源、集聚信息、撮合交易、配套服务的各类涉农平台，成为小农户衔接现代农业的有效路径。如农村电子商务平台、农业创新服务平台、综合性为农服务中心、农业产业链服务平台等，尤其是全产业链闭合平台运营模式已成为推动农业供给侧结构性改革的重要方式②。实践中，不同类型的涉农服务平台往往交叉在一起，如新型为农综合服务平台和产业链服务平台内嵌电商平台和创新服务平台；大型的涉农电商平台、农业创新服务平台和产业链服务平台也要在农村建立基层服务平台。这就出现了很多复合型涉农服务平台。

农户在平台中解决农资订购、农产品销售、预约农业技术服务、生产贷款、资金管理等全方位服务，专注于农产品生产活动。农户拥有更多元化的农产品销售渠道选择，寻找买家的时间成本和信息成本大幅降低，农产品交易价格更加透明，农户利益得到保障。生产物资供应商、物流资源和农产品经营者通过平台，品牌和信用逐渐积累，获得更大的经营效益。在平台提供的信用评价体系的驱动下构建良性循环的闭环产业生态，实现参与主体的共赢。这种模式依靠电子商务，建立起了农资生产者+农户+电子商务经销商+加工者+物流+消费者的信息流通道，在此基础上构建极短供应链；物流

---

① 芦千文：《农业产业化龙头企业发展涉农平台经济的作用、问题和对策》，《农业经济与管理》2018年第3期。

② 芦千文：《涉农平台经济：典型案例、作用机理与发展策略》，《西北农林科技大学学报》（社会科学版）2018年第5期。

转运环节减少；缩小了消费者、生产者之间的价格差距，促成了全新的农业生产要素和农产品价值分配机制，如图 5-2 所示。

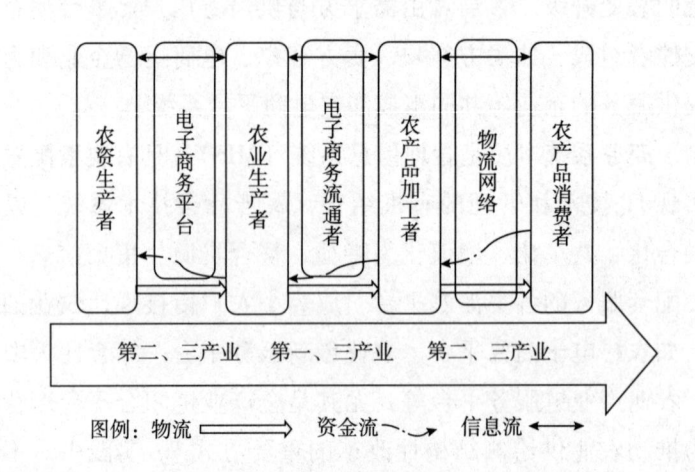

图 5-2 产业融合的新型农业产业链

第四节 基于电子商务平台的订单农业动态联盟融合发展模式

农业电子商务的质量和效率是发展的重要着力点。需要围绕资源优化配置，进行技术与管理的结合研究，研究系统化、集成化农业电子商务经营模式，提高农业全产业链的资源配置效率。研究思路是：运用成熟的"业务流程重组理论"，根据农业供应链上各主体需求，设计基于订单的农产品电子商务交易流程，以降低农业产业链的交易成本；借鉴供应链管理和工业企业成熟的企业资源计划管理系统的设计思想，设计基于计划的农业电子商务精准管理信息系统降低内部管理成本；并提出发展策略，形成核心企业主导的动态联盟电子商务经营体系，降低过高的流通成本，满足城乡居民对安全优质农产品的消费需求，提高农业生产者的利润率，解决"卖难买贵"问题。

第五章
电子商务赋能农村产业融合发展路径

一　构建基于消费互联网的农产品电子商务上行模式

不同行业开展电子商务的需求不同,要满足国内农业电子商务向纵深发展的需求,需要进行模式创新①。大部分农产品生产周期较长,其营销过程和工业品营销有明显区别,一些传统农产品企业和农户尝试利用社交媒体广泛、长期宣传农产品生产全过程,结合淘宝、京东等消费互联网平台,实现线上、线下优势互补的立体销售。在案例研究的基础上,提出了"农产品O2O闭环立体营销模式"。

(一) 基于多渠道的农产品O2O闭环立体营销系统

在当前互联网快速发展的过程中,新媒体对社会的影响力逐渐增大。应该多发挥微博等新媒体的积极作用。一个明星在微博里可以有少到几万、多到上亿的粉丝数量。明星具有很强的带动力和影响力,粉丝愿意追随和模仿自己喜欢的明星。要充分利用好明星的引导带动作用,开启明星助力产业扶贫新模式。这些媒体本身有广泛的观众,有很强的带动力和影响力,有效利用其强大的影响力帮助贫困地区实现脱贫是互联网背景下新生的扶贫手段,通过新媒体扶贫助力农产品流通,帮助贫困地区农民早日脱贫,对于缩小城乡收入差距、实现城乡流通一体化具有重要意义。

卖方主体把产品相应的生产过程、质量以及加工追溯信息、对应的促销信息等,通过网络直播、抖音快手相关短视频、网络图片等在社交媒体上,进行多种方式的情景营销等持续宣传和互动,极大地提升了农产品的客户认可度,通过粉丝经济开展预订、订单、众筹等产前和产中销售模式;在农产品收获期,广泛快速传播社交媒体信息,针对特定目标和地区进行密集宣传,多渠道、多方式扩大销售规模,线上线下门店相结合,实现常态化、有针对性的规模

---

① 胡文岭等:《县域农业电子商务动态联盟模式研究》,《现代经济探讨》2016年第11期。

销售。在交易过程中，利用二维码交易加强线上线下融合，实现线上电商和线下农批渠道链接的 O2O 销售模式。建立销售二维码系统，将其附加到线下销售渠道的包装上，引导买家通过移动终端扫描二维码，将客户转移到淘宝店和社交媒体进行信息互动，提高复购率，通过微博、微信、QQ 等移动社交媒体，方便与客户互动，直接面对消费者群体，掌握反馈信息，有利于及时掌握消费者需求和偏好的变化，避免产品倦怠，真正实现按需生产[①]。

淘宝等网络平台的明显优势：用户广、流量大、资金交易有保障、用户认可度高，基于移动终端和社交媒体的营销模式的优势，主要体现在营销全过程信息沟通灵活有效。销售者可以利用两类平台的优势，组织流通过程中的各类主体，形成基于多渠道的农产品 O2O 闭环立体营销系统，如图 5-3 所示。

（二）闭环立体销售模式的优势

与 PC 端相比手机等移动终端的普及率高，操作方便，成本低，大多数农产品卖家经济水平有限，营销手段匮乏，线上渠道不熟悉，比如用淘宝直播、天猫店铺、抖音快手等平台，利用社交软件的信息沟通便利性，与消费者建立直接联系，共建口碑，带来销量，使小农户卖家避免中间商的垄断，具有了农产品定价权；在社交媒体上农户可以建立基于信任的交易模式和买家直接沟通。通过社交工具，发直播、视频、照片等方式全方位展示农产品的生产和销售链条，增强双方信任；社交媒体支付方式更加便捷。社区成员信任度高，使用微信支付、货到付款、银行卡转账等非现金方式，支付速度快，资金使用率高，更符合农村地区交易习惯的优势；在建立稳定的客户关系基础上，开展多方式多渠道的农产品销售模式。农产品营销企业和大户可以通过社交平台，建立属于自己的特色品牌，包括营销、服务、销售和会员平台等各方面，依靠 CRM

---

① 胡文岭等：《"电商扶贫"中县域农产品电子商务创新研究》，《商业经济研究》2017 年第 24 期。

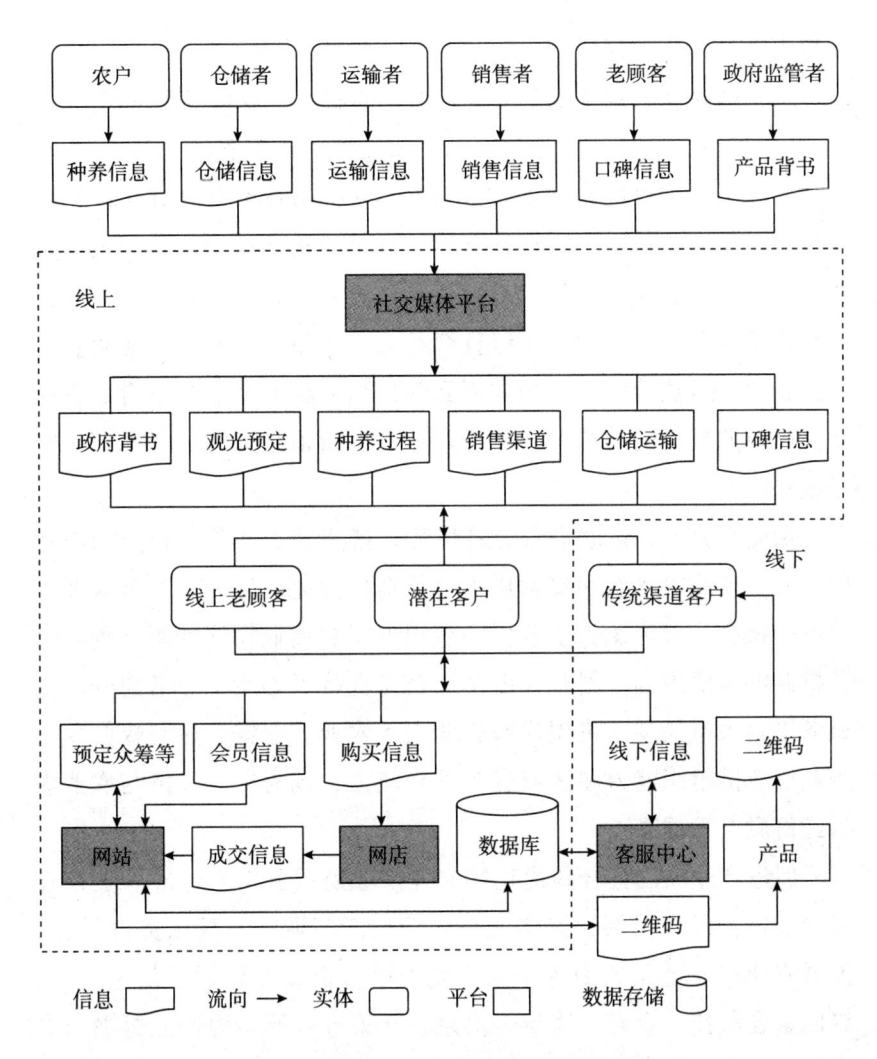

图 5-3　农产品 O2O 闭环销售系统

（客户关系管理系统）获得客户数据，利用大数据科技分析，有利于客户关系更加稳定。在此基础上开展 C2B（消费者定制）模式、OTO（线上线下融合）模式、应季集中销售模式、地产农产品直销 F2C（农场直供）模式、基于订单数据按需种植模式、CSA 模式农业众筹等灵活多样的交易模式，方便市民找到放心的、靠谱的农产品生产者，有利于缓解买难卖难的问题，培育新型城乡关系，促进新型农业经营体的形成。①

二 构建大数据技术下以需求引导的农业产业化经营系统

（一）龙头企业为核心的农业产业链集成服务平台

产业组织理论的经典 SCP（Structure-Conduct-Performance）范式认为，企业进行产业链整合行为是为了获得能够影响价格的市场势力，随着企业所处内外部环境的快速变化，知识、资本、信息技术等因素也会对企业的产业链整合行为产生重要影响；作为重要节点的企业，可从价值、知识和创新等层面对产业链进行整合，占据及跨越产业链中的结构洞，实现产业链的价值最大化，进而获得快速成长②。

在此形势下，借助平台经济优势，搭建涉农服务平台，为农业生产者、产品需求者和要素供给者创造便捷化、低成本参与农业产业链的机会，成为龙头企业引领组织方式和商业模式变革、创新经营机制的重要内容。因此，由龙头企业直接兴办或主导搭建的涉农服务平台大量涌现，将现代服务业引入农业产业链，显著提升龙头企业产业链组织能力和区域资源整合能力，成为平台经济与农业农村经济融合发展亮点。

促进产业纵向整合和优化的农业产业链服务平台适应农业产业纵向一体化经营需要，许多龙头企业向全产业链运营服务商转型，发展农业产业链集成服务平台。此类平台借助互联网、信息技术，纵向整合科技、金融、物流、信息、政策等资源，为产业链参与者和利益关联方提供配套化服务支撑和集成解决方案。平台主导农业产业链运作模式成为保证农产品生产链、资金链和产品链安全的一种创新管理模式③。

---

① 胡文岭等：《"电商扶贫"中县域农产品电子商务创新研究》，《商业经济研究》2017年第24期。

② 李世杰、李倩：《产业链整合视角下电商平台企业的成长机理——来自市场渠道变革的新证据》，《中国流通经济》2019年第9期。

③ 芦千文：《涉农平台经济：典型案例、作用机理与发展策略》，《西北农林科技大学学报》（社会科学版）2018年第5期。

现代供应链—精准化管理目标是正确的时间、正确的位置、正确的产品、正确的数量准时制生产和准时制物流。基于电子商务的龙头企业一体化经营、规模化发展和企业化管理目标是以信息化管理实现产业化经营，规模效应和范围效应充分发挥出来，包括一体化销售和一体化生产，要素自由流动（土地、生产资料、金融服务、技术服务、品牌建设、人力资源），农业产业一体化经营体系（流程、信息、服务、制度一体化）形成。

传统农批流通模式，产销两端缺乏信息直接沟通渠道，物流环节较多，衔接管理脱节，交易成本和管理成本较高。农产品供应链的实现涉及流通业、工业、农业三个产业领域，而且生产和销售两端的生产资源和客户资源仍然是分散的，难以实现供应链上各组成主体的组织化，这对实现生产与消费直接对接的电子商务有严重的制约，基于互联网的信息管理技术的应用，给组织管理变革提供了充分的技术手段，使以上所述的农业分散主体实现一体化管理成为可能。基于 BPR 理论[①]从根本上重新梳理传统农业产销流程，在遵循农产品的生产和流通规律的前提下，去掉流通过程中不增值环节，提出以订单为导向的"按需生产业务流程"，合理组织农业产业链资源要素，产生系统优化效应，取得农业生产质量和服务质量的巨大提升和交易成本的大幅降低。[②]

（二）基于订单的农业电子商务直销流程

基于订单的农业电子商务直销流程，与传统先生产再销售相反，是一个以电子商务销售订单为起点的"按需生产流程"，基于电子

[①] 企业流程重组（business process reengineering，BPR）的概念是 1990 年 Hammer 博士首先提出的，其应用在企业信息化过程中效果显著，使企业在各项成本、产品质量、产品服务、生产和销售速度等关键指标上取得显著的提高，并促进了组织结构的扁平化和企业文化的改变。BPR 站在信息技术改造传统管理流程的视角，强调面向客户需求，单点接触顾客，简化分工过细的复杂的传统管理方法，根本上考虑和彻底地设计企业的流程，去掉不增值环节，使由于分工过细造成的分割流程重新整合成一个整体，回归到像流水一样的自然管理状态。其实施的关键在于运用信息技术来协调分散和集中的矛盾。

[②] 胡文岭等：《基于电子商务的订单农业动态联盟经营模式》，《江苏农业科学》2018 年第 12 期。

商务门户网站和移动终端,实现生产者和消费者的订单撮合交易。由生产者根据不同品种农产品的种植和成熟时间,确定"订单提前期"①,制订"农产品供应日历"在网站供消费者选择,形成"预约订单";信息由后台信息系统整合后,由签约农户提出"生产申请",反馈给下单者确认,形成"正式订单",下单者付款系统后台统计和审核,汇总产生"当期农产品销售计划",预定,由核心企业制定"质量保证体系",建立生产过程管理、追溯系统和违约赔偿制度,以保证产品安全和质量,增强消费信任。支付方式和物流配送这两大模块可以采用多方式多渠道的电子商务模式。其核心流程大致分为以下7个步骤,6个关键计划实现,如图5-4所示。

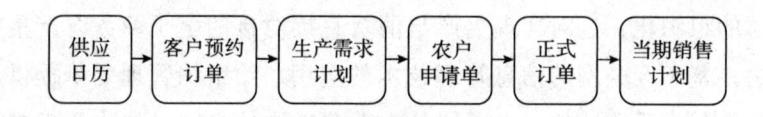

供应日历 → 客户预约订单 → 生产需求计划 → 农户申请单 → 正式订单 → 当期销售计划

图5-4 基于订单的电子商务销售

第一,由销售者制订"农产品供应日历",在网站向公布。

第二,消费者据此产生"顾客预约订单",并且每种每次订购都带有相应的时间属性。

第三,用数据仓库技术以农产品编号为主键建库,制订"单种农产品生产需求计划",在网站公布。

第四,在此计划内,由各生产者在各自生产估算的基础上提出生产申请,产生"单种农产品生产申请单",上传数据库。

第五,后台汇总生产申请数据,确认每位消费者会员的"预约订单",计算应付款项并发布。

第六,由消费者确认生成"正式订单",采用第三方支付预约款,达成预约交易。

---

① "提前期"是制订订单生产的关键,指从安排生产到农产品收获的最短时长。

第七，系统后台统计和审核，汇总产生"当期农产品销售计划"，由此为起点进入生产管理阶段。

（三）基于计划的农业经营系统

借鉴 ERP[①] 的排程思路，以销售计划为起点，安排生产计划、管理计划、农资需求计划、集中采购计划、仓储运输计划和财务管理计划，各计划通过信息系统有序衔接，实现以销售计划为核心的农业供应链核心计划系统。各计划的信息衔接，如图 5-5 所示。

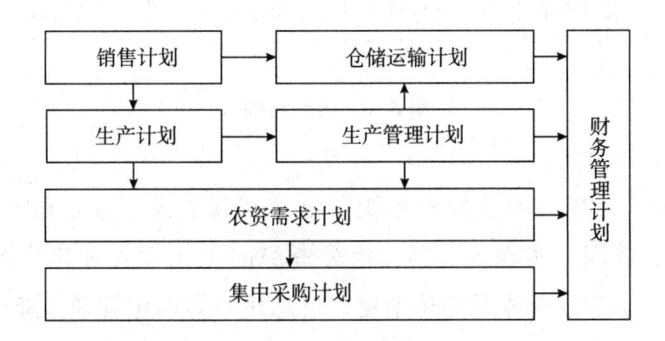

图 5-5　农业电子商务经营核心计划

（四）核心企业组织机构设计

龙头企业主导的农业产业化联合体组织形式是，跨主体、跨产业、融合化、扁平柔性跨地域虚拟企业。"基于计划的农业经营体系"需要由核心企业负责组织和实施，其部门可以参照如图 5-6 所示进行设置。由生产管理部负责产地端的生产组织和生产过程服务，具体功能包括：农户管理和农业技术服务；销售管理部负责销售端的订单管理和售后服务；农资管理部负责农资供应端的采购服

---

① ERP（企业资源计划）系统是实现 BPR 的有效工具，它使产、供、销、人、财、物各部门信息集中统一管理，通过联动的多级计划达到供需协调，使企业整体利益达到最优化，降低管理成本，其成功应用可以大幅降低库存，提高交货期准确率，缩小装配使用面积，提高采购计划有序性，20 世纪 90 年代初开端，至今广泛应用于制造、分销、服务等多个领域。ERP 系统实现核心是排程有效，即在正确的时间，生产和采购正确数量的正确料件，通过五级核心计划的制订实现企业内部的均衡排程。

务；物流管理部负责运输过程中的物流组织；由财务部进行全面财务管理。

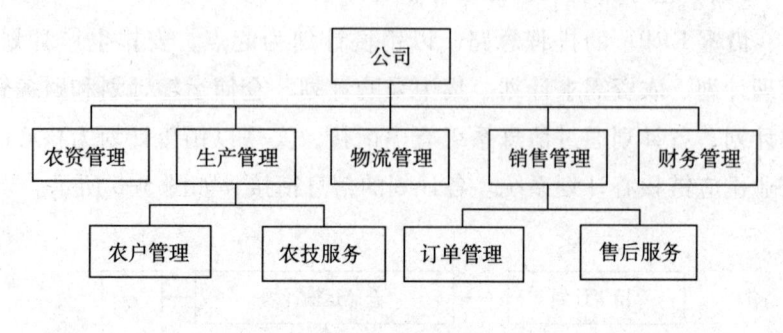

```
                        公司
                         |
   ┌─────────┬─────────┼─────────┬─────────┐
农资管理  生产管理  物流管理  销售管理  财务管理
   │         │                  │
农户管理  农技服务            订单管理  售后服务
```

图 5-6　组织结构

"基于计划的农业经营系统"能够实现农业产业链的产、供、销一体化管理，实现人、财、物等资源的优化配置和集中统一管理，实现农业经营体系的精细化、信息化、集成化管理，降低管理成本，提高经营体内部的管理效率。

三　电商平台支撑下"要素配置"带动产业集聚

（一）县域集聚和虚拟集聚

农村地区的各类服务供给不足难以满足农民的各种服务需求。可以大力在农村地区发展分享经济模式，通过引进互联网平台就近聚合资源，推动具有互助性质的共享服务平台[①]。

以农业关联的龙头企业为领头，以数量众多的小农户的需求和利益为导向，以契约方式将小农户组织纳入农业新型产业链组织模式，实施产+销一体化经营。

以电子商务平台为依托，构建县域动态服务联盟，加强小农户与农业产业化龙头企业之间的合作，实现产+销产业链一体化和信息化，为小农户提供多元化服务，实现服务业（政府、技术、人

---

① 李丽、李勇坚：《中国农村电子商务发展：现状与趋势》，《经济研究参考》2017年第10期。

力、金融)、加工业和农业要素自由流动。

(二)农业电子商务动态联盟系统

针对当前县域农业电子商务存在的问题,从信息技术改造传统农业流程的视角,广泛分析目前中国农产品流通典型模式,以农产品电子商务流通的"信息聚集和物流效益"为研究突破点,这是基于分享经济思维,提出集产品和服务为一体的农业农产品电子商务动态联盟模式,以农业电子商务平台为工具,为农业全产业链上新型主体提供动态参与机制,实现"互联网+"下的农业产业集聚模式——农业电子商务虚拟动态联盟组织模式,如图5-7所示。

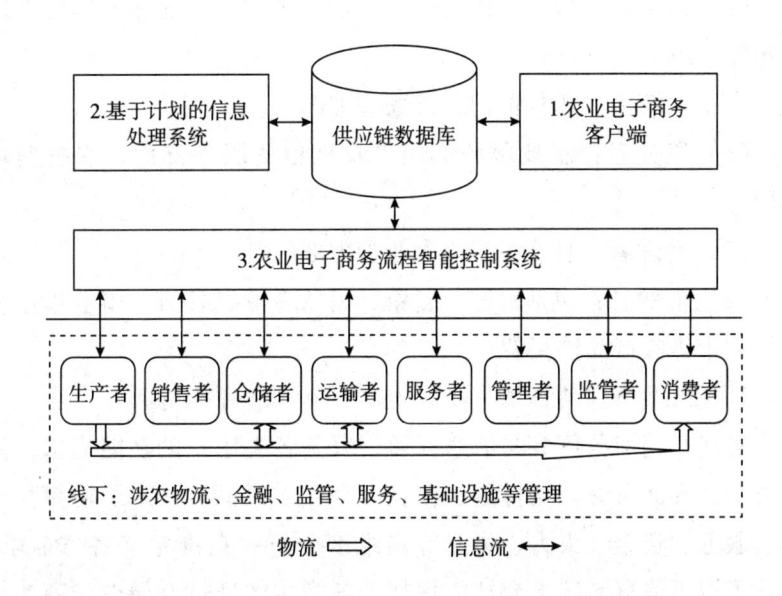

图 5-7　基于"互联网+"产业集聚系统架构

流通系统由线上平台和线下管理两部分组成。线上电子商务平台客户端主要提供订单销售等信息发布和收集功能,由数据库实现信息资源存储,基于计划的后台信息系统进行数据加工实现计划管理功能,由流程智能控制系统实现流程控制。线下主要是动态联盟各组成主体的功能协调、物流组织和服务管理。

1. 农业虚拟动态联盟的线下主体

在中国构建现代农业流通体系的背景下,新的主体会不断出现,从功能角度,把新形势下主要农业流通主体定义为以下八类:

(1) 生产者:包括农户、家庭农场、农业大户、农业种植企业、合作社等承包土地生产者。

(2) 销售者:包括农业经纪组织、批发商、零售商。承包者也可以作为销售者。

(3) 仓储者:包括农贸批发市场、生鲜专业仓储公司、涉农企业生鲜仓库、生鲜仓储户等。

(4) 运输者:包括个体运输户、运输公司、企业涉农运输部门等运输组织。

(5) 监管者:质检部门、市场管理部门。

(6) 服务者:农技服务部门、农机租赁服务部门、农资销售部门。

(7) 管理者:县乡村三级农业管理部门。

(8) 消费者:包括家庭、餐馆、餐饮企业、各级企事业单位食堂、超市等农产品购买者。

2. 农业电子商务平台是实现流通信息化管理的使能器

实现产到销各环节的信息沟通,服务各类用户的功能需求,使用方便,界面友好。从计划、信任、费用、时间、技术、质量、营销、服务、资金、人力、物流等多维度分析并精准定义各方需求,设计了以下信息系统平台功能框架,各类主体通过登录电子商务平台行使各自职能,如图5-8所示。

(三) 农业电子商务动态联盟的特点

县域农业电子商务动态联盟,是使用公用的农业产业第三方电子商务平台构建的,用信息化、智能化管理来替代传统手工管理,依托传统农业产业链中的主体和现有农业电商设施,基于分享经济思维,突破组织界限,构建从生产者到消费者的动态农业供应链,形成农业产销和服务综合体系,提高农业产业流通效率;县域农业电子商务动态联盟，不需要额外构建企业组织和物流组织，避免了构建供应链体系的巨大投资，对提高中国农业资源配置的效率，避免重复建设，具有积极意义。为当前中国农业电子商务流通提供一种高效、稳妥、投资低、轻模式的路径参考。

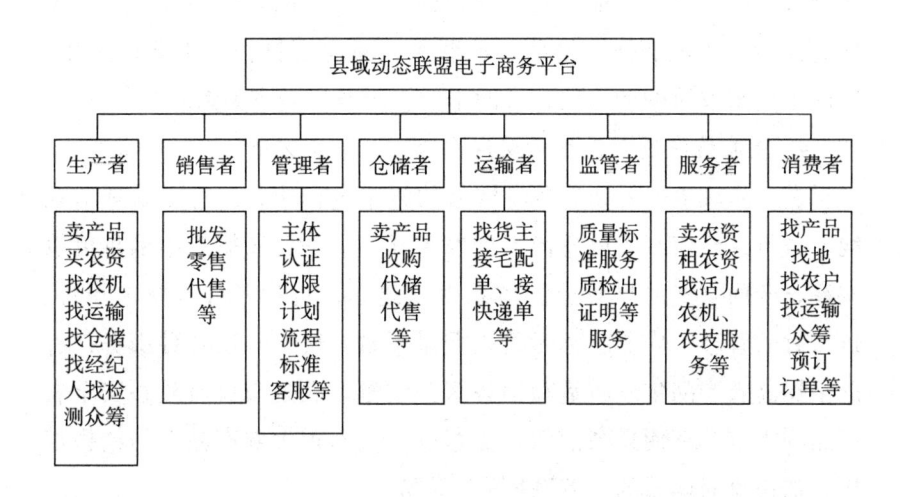

```
                    县域动态联盟电子商务平台
    ┌──────┬──────┬──────┬──────┬──────┬──────┬──────┐
   生产者  销售者  管理者  仓储者  运输者  监管者  服务者  消费者
   卖产品  批发   主体   卖产品  找货主  质量标  卖农资  找产品
   买农资  零售   认证   收购   接宅配  准服务  租农资  找地
   找农机  代售   权限   代售   单、接  质检出  找活儿  找农户
   找运输  等    计划   等    快递单  证明等  农机、  找运输
   找仓储        流程         等    服务   农技服  众筹
   找经纪        标准                     务等   预订
   人找检        客服等                          订单等
   测众筹
```

图 5-8　县域动态联盟电子商务平台功能结构

1. 农业供应链上的价值主体跨越组织边界，实现利益共享和风险共担

农业主体分工不同、各有所长、大多规模较小、产权分散，以各自需求为导向，通过电子商务平台组织交易，基于共享经济的思维，利用各自的技术、经验、设施、人才等优势组成农产品供应链动态联盟，跨越组织边界，实现利益共赢和风险共担。新的合作方式有助于新型农村治理结构的建立，促进新农村文化的产生。

2. 把流通主体之间的线下信息联系转变成为各主体跟平台的信息交互，信息渠道畅通，能够降低交易成本

平台收集、验证和存储分工各异的所有主体的基本信息和需求信息，通过此平台，主体之间进行无障碍信息交流和合作，变"松散的线下多对多信息搜寻"为"平台自动信息匹配"和"在平台上

的自主匹配",从而形成并行的"多对多交易流程"。每个参与主体借助平台实现规模效益和范围效益。

3. 营销模式灵活多样

除了农产品批发零售交易,还可以实现基于订单的按需种植、地产农产品直销、租地模式、预售模式、农产品众筹模式等灵活多样的交易。通过加强产销两端的联系,减少盲目种养现象的发生,有助于提高农民的话语权,有助于建立服务型城乡关系。

4. 流通信息透明,可以实现全流程、全面监管

农产品从生产者到消费者转移的整个过程中,所有交易环节在线上进行,全流程的信息流不会发生断点。平台数据库中信息可以共享,全面农产品质量追溯体系得以建立,监管者可以登录平台,进行有效管理;农业服务者可以登录平台,线上开展各种服务;有助于提高农产品生产质量和销售服务质量,满足市民对放心安全农产品的需求,从而提高消费者满意度;从而扩大农产品上网销售规模,加快流通体系的"互联网+"转型。

四 订单农业电子商务动态联盟经营模式的优势

(一)用电子商务平台搭建高效的产销信息通道

通过移动电子商务和云计算、大数据等为技术基础的农业电子商务平台,收集、验证和存储信息,进行数据存储和智能化管理,通过平台的统一控制,主体之间通过移动或固定终端进行相互信息交流、寻求合作,从而形成并行的生产者和消费者多对多交易流程,有助于接近完全竞争和降低交易成本,避免流通中局部垄断和买难卖难的发生。

(二)农业产业动态联盟实现农村虚拟新型合作组织

建立动态联盟体系把分散的农户和其他农业主体组织起来,协调合作有效弥补了分散经营的不足,提高了农业组织化程度;农业供应链动态联盟组织,跨越组织边界,包括所有农业供应链上的价值主体,能实现产销流程端到端的管理。参与主体分工不同、各有所长、大多规模较小,以各自需求为导向通过电子商务平台组织交

易，基于共享经济的思维，利用各自的技术、经验、设施、人才等优势实现利益共赢和风险共担。

（三）基于订单和计划实现农产品按需生产

把传统的先生产后销售农业产销流程转变成逆向订单农业流程，通过"订单"，有效满足市民对安全高端农产品的需求，根据市场需求做出生产计划和管理计划，发挥传导市场信息、统一组织生产、运用新型科技的载体作用；农业生产与消费直接对接，缩短了流通环节，有助于提高农业生产的目的性，提高农民收入；基于计划的内部管理体系，有利于实现精细化管理，管理效率较高，管理成本降低。加强生产管理、技术服务和政府监管确保农产品质量安全；农资和金融服务增加核心企业商业利润。使城乡居民、农民、企业和政府多方受益，从而缓解"卖难买贵"问题。

（四）缩短物流环节，降低物流成本

电子商务平台提高产销两端会员信息的聚集，可以实现对物流的动态控制，实现定时定向统一集中发货的方式，实现乡村生产者、仓储者、运输者到城市消费者的极短物流，降低物流成本。

第五节 基于电子商务的农产品供应链模式

互联网+农业电商平台是利用大数据、云平台、物联网等互联网技术整合金融、物流等各类社会资源，实现农业产业链去中间化，提升生产流通效率的新型农业平台。构建农业电子商务平台，需要从完整的农业产业链入手，围绕农资产地供应、农产品生产、农产品加工、农产品销售等新型农业产业链的各个环节，借鉴会员制产地直销模式，构建全新的农业供应链模型，实现纵向集成、横向协作，提高农业组织化程度，为互联网农业电子商务信息服务平台的设计以及发展提供坚实的理论依据。

一 基于会员制的农业供应链模型

现代农业供应链始于农业生产资料的供应商,止于农产品(含加工制成品)的最终用户,其中信息是其神经系统,包括信息收集、信息整理、信息处理和信息发布等,实现信息数据实时的自动的交换,达到农业供应链的信息共享与协调运作①。"会员制农业"可以看成订单农业的一种高级形式,是联系和稳定品牌农产品产销(供求)的有效渠道②。采用会员制的营销方式的核心问题是解决消费者的"信任"问题。"会员制农业"自2009年在中国江苏句容市破土萌芽,之后,中国京郊平谷、重庆潼南、山东费县、辽宁大连等地相继涌现出会员制农业这种新型产业发展模式,推动了农业生产经营方式的优化转变,促进了农业与其他产业和要素的融合互动。

将会员制农业这种新型农业经营方式与现代农业供应链模式进行深度融合,构建基于会员制的农业供应链新模式,创新农业供应链。如图5-9所示。

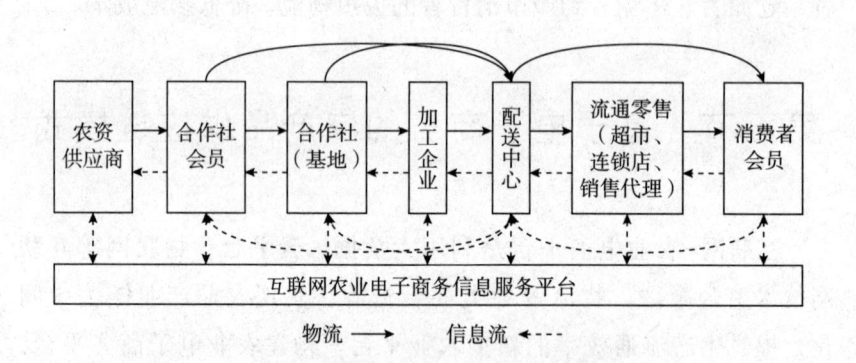

图5-9 互联网农业电子商务信息服务平台

---

① 徐生菊、徐升华:《我国农产品供应链信息管理研究进展》,《贵州农业科学》2012年第8期。

② 胡文岭等:《基于会员制的绿色农产品供应链模式研究》,《中国管理信息化》2014年第14期。

第五章
电子商务赋能农村产业融合发展路径

在这种新的农业供应链模式中,生产和销售两端都实行会员制,农户端成立"农产品生产合作社",并建立特供食品公司,以它为中心负责组织、加工、配送等,消费端实施会员制营销。建立农业电商信息服务平台,用信息技术实现信息集约,实现物流和信息流的有效管理,从而实现信息共享,实现真正意义上的产销对接。形成完整的农户到消费者的农产品供应链模式。这种模式有以下几个特点:

第一,将"互联网+"切入农资市场,将从农资生产、流通、营销、服务各方面影响农业生产中的农资供应,进而变革农资生产商和农户之间的关系。

第二,农户的生产资源信息得到有效的收集和集中的管理,便于生产的安排,保证货源稳定。

第三,可以实现逆向的订单式生产。通过服务平台消费者会员可以预约订单,通过大数据分析由中心企业组织农户认种,从而实现以销定产。正向的生产而后销售模式和逆向的订单式生产可以同时进行,互为补充。

第四,减少了农产品由田间到餐桌的流转环节,可以跨越批发商和农贸市场环节,产品价格和质量监管便于实施。

第五,为建立农产品物联网追踪和质量监管体系提供了实施条件,有利于实现农产品质量安全问题的改造。

第六,有利于实现农产品和农资双向流通,使农民增产又增收,并为农民合作社、农产品经纪人、农资经销商和涉农企业提供数据库营销和软件协同电子商务服务。

第七,将从"空间、时间、成本、安全、个性化"五个角度全面改变农产品消费市场,增强农产品消费者的客户体验和客户黏性。

第八,农业龙头企业有着全产业链中最为丰富的信息,信息将贯穿于农资销售和购买、农业生产全过程、农产品销售过程的每个过程。

二 农业电子商务信息服务云平台架构设计

基于新型的会员制供应链,一个综合农业电子商务信息服务平台,在功能上应该满足农业供应链上的各类用户(农户会员、合作社、农业企业用户、消费者等)的应用与信息服务的需求。包括:农资供应子系统、农产品追溯子系统、农产品销售子系统、物流配送子系统、电子支付子系统以及客户管理子系统。平台的核心内容:农业资讯、供求信息、我的信箱、专家问答、农资商城、信息采集、管理中心等模块,每一个模块将有针对性地提供信息服务。

为了实现上述的云计算环境下的农业电子商务信息服务,提出农业电子商务云信息服务模型的体系结构。农业电子商务云信息服务模型的结构包括:底层的云计算基础设施资源池层、中间的平台支撑层、上层的电子商务云服务层。

(一) 基础设施层

基础设施层为农资电子商务信息平台的实施提供基础资源,以完成计算能力、数据存储、网络传输。基础设施层包括:底层服务器、存储、网络等设备,通过终端接口,将各种物理资源接入到网络中,实现物理资源的互联和共享。利用虚拟化工具,通过对Web服务器、数据库服务器、存储设备、网络基础设施等虚拟化,形成计算池、存储池、网络池,封装成逻辑集中的、统一透明的服务资源。通过对资源的管理,实现电子商务中资源的合理分配和调度,并将资源封装,提供给平台层的应用和开发。

(二) 平台层

平台支撑层通过互联网为用户提供一套开发、运行和运营农资电商系统的软件支持平台,包括操作系统、开发工具、中间件、搜索引擎、数据库及其管理系统、大数据分析软件、数据仓库等。平台支撑层为农资电商提供统一平台的支撑服务,同时包括数据资源管理与计算资源的分配与调度。

(三) 应用层

应用层是整个平台对外提供的终端服务，由应用接口和终端两部分构成。应用接口服务包括基础服务和业务服务，基础服务提供统一安全的用户认证、权限认证、用户管理等功能。不同的用户根据权限的不同，访问相应的信息和应用。农业电商系统的用户包括普通用户、会员用户、农资供应商、消费者、农业龙头企业、农业合作社等，业务服务主要包括为各类用户提供的业务应用服务，如为普通用户提供的商品信息、农业技术、政策法规、供求信息等服务；为会员用户提供的农资购买、商品推荐以及农业生产指导的服务；为农资企业提供的线上销售农资的服务；等等。并为用户提供以多种形式接入互联网的接口，如手机、平板、笔记本、台式机，以提高用户体验。

第六节 农业技术远程服务系统平台建设

随着中国数字乡村建设的不断发展，中国涌现出许多农业技术服务相关网站，为农民提供农业生产、养殖技术、农产品销售等信息，当今越来越多的农业从业人员在遇到生产、技术、信息等问题时，常常选择利用网络去查询相关问题，以得到有效的信息或解决方法，但受限于文化水平、系统操作等因素，大部分农民往往无法从大量的资源中寻求到合适的答案或信息；而当求助于搜索引擎时，往往会得到大量的与问题不相关的内容，还需要进行人工的筛选，而且网页查询内容的正确性是无法保证的，用来指导农民的实际应用存在一定的隐患。

问答系统允许用户以自然语言的形式进行提问，在搜索引擎的基础上，对检索结果进行答案抽取等处理，并返回自然语言的解答，主要功能是在系统和人类之间搭建一座桥梁，让系统直接回答人类所提出的问题。当前，深度学习技术发展迅速，问答系统不仅可以"读懂"语言表面的信息,还可以"理解"深层的信息,这种技术恰好为问答系统的发展奠定了基础。本书将结合知识图谱的技术对问答系统的构建进行分析,同时将对问答系统在农业知识中的应用进行探究,智能的问答系统在农业中的应用也是构建智能农业不可或缺的一个重要部分。

一 知识图谱相关技术

(一)知识图谱

2012年,Google公司正式提出知识图谱的概念——是指一种大规模的语义网络,是结构化的语义知识库,用于描述概念及其相互关系,其由"实体—关系—实体"或"实体—属性—属性值"三元组构成,大量这样的三元组交织连接,形成了一个在物理层面和逻辑层面上同时存在的知识网络。知识图谱是各类知识的一种表示形式,更是一种大规模的语义网络,可以帮助我们更快速、清晰地得到各主体间的联系,获取相应知识。除此之外,在实际应用中,知识图谱通常还能体现出语义丰富、质量精良、结构友好等优势。

(二)命名实体识别与关系抽取

实体是知识图谱的重要组成,命名实体是一个词或短语,可以理解为有文本标识的实体,它可以在具有相似属性的一组事物中清楚地标识出某一个事物。命名实体识别,也称为实体抽取,是指在文本中定位命名实体的边界并分类到预定义类型集合的过程。文本数据的实体抽取主要有基于深度学习的方法、基于统计模型的方法、基于规则和词典的方法[1]三类方法。

关系抽取的任务是在从无结构的文本中抽取不同实体之间的关系以关联各个实体,抽取的结果是三元组(主体、谓词、客体)关系实例,这就构成了知识图谱中的边。目前,关系抽取有基于模板的方法、基于监督学习的方法和基于弱监督学习的方法。关系抽取是很多复杂自然语言处理的基础,因此它的应用也是十分广泛的,

---

[1] 刘巍等:《知识图谱技术研究》,《指挥控制与仿真》2021年第6期。

其最重要的应用是构建知识图谱。

二 农业知识问答系统的设计原则

基于知识图谱的农业知识问答系统设计的主要目的,是为给农业从业者提供专业的解答和指导。因此本系统的设计原则,主要围绕用户的体验、问答的精准以及科学的数据等三方面来说,具体如以下分析:

(一)友好的用户体验

系统主要面向农民用户,本系统的设计工作应该首先考虑用户使用的友好性,侧重知识的共享、简单明了、突出重点,以"接地气"的形式突出农业知识的普及和技术的指导。在界面的设计上,应选取适当的文字和图片相结合的形式,合理编排语句和段落,做到结构分明,易读易懂,以清晰明了的界面带给用户优质的体验。

(二)精准地问答

农业知识问答系统是问答系统的一种,旨在帮助用户解决各类问题,在问答环节的设计中,要把握精准和快捷两个原则。

为了保证问答的精准性,面对用户的每一次提问,系统要以最快的速度完成问题理解、关键词分析与检索、寻找答案、匹配答案等一系列的工作。快捷精准的问答有助于提高系统和用户之间的默契程度,为用户提供完善的服务。

(三)科学的数据

农民用户往往不太擅长进行信息的筛选和扩展,因此,要求农业知识问答系统在全面理解用户问题的基础上,所提供的解答是全面多角度的、是科学完备的。这就要求系统引用的数据来源要科学可靠,权威准确。

三 基于知识图谱的问答系统设计

基于知识图谱的问答系统的总体架构主要由前端模块和后台模块组成。前端模块主要是指问句的输入和结果的反馈;后台处理模块又分为三个小模块:问题预处理模块、问题分析模块和问题求解模块。

对于用户通过前端交互界面输入的问题，系统来进行基于知识图谱处理、分析并求解，最终将精准的自然语言答案返回给用户。系统的总体架构如图5-10所示。

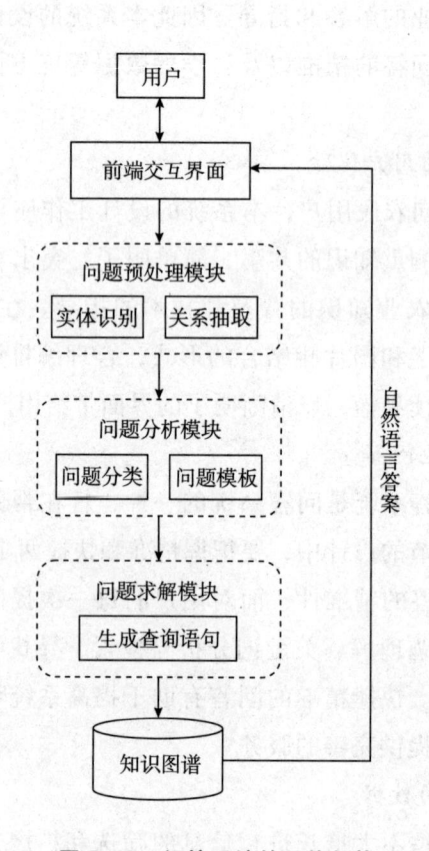

```
                    用户
                     ↕
                前端交互界面 ←─────┐
                     ↓           │
            ┌ ─ ─ ─ ─ ─ ─ ─ ┐    │
            │ 问题预处理模块 │    │
            │ ┌────┐ ┌────┐ │    │
            │ │实体│ │关系│ │    │
            │ │识别│ │抽取│ │    │
            │ └────┘ └────┘ │    │
            └ ─ ─ ─ ─ ─ ─ ─ ┘    │
                     ↓           │自
            ┌ ─ ─ ─ ─ ─ ─ ─ ┐    │然
            │ 问题分析模块  │    │语
            │ ┌────┐ ┌────┐ │    │言
            │ │问题│ │问题│ │    │答
            │ │分类│ │模板│ │    │案
            │ └────┘ └────┘ │    │
            └ ─ ─ ─ ─ ─ ─ ─ ┘    │
                     ↓           │
            ┌ ─ ─ ─ ─ ─ ─ ─ ┐    │
            │ 问题求解模块  │    │
            │ ┌──────────┐  │    │
            │ │生成查询语句│ │    │
            │ └──────────┘  │    │
            └ ─ ─ ─ ─ ─ ─ ─ ┘    │
                     ↓           │
                 知识图谱 ────────┘
```

图5-10 问答系统的总体架构

（一）问题预处理模块

问题预处理模块的主要工作是对问题进行分词，将问题分解成符合问句本意的多个词语，并进行词性标注——分析语法并确定词性。分词和词性标注有助于实体识别和关系抽取，例如，从非结构化的自然语言问题中识别如母鸡、流感等实体或概念，症状、防治方法等实体间的关联关系。

可见，问题预处理模块为后续的问题分析和求解模块奠定了基础。

（二）问题分析模块

问题分析模块的设计目的旨在分析用户的问题，从中提取关键词，并鉴别问题类型。当用户进行问题检索时，根据预处理模块传递的分词和词性标注等结果，提取关键词，分析出问句对应的问题类，根据句法分析提取出问句主干成分，抽取问句的关键词进行扩展，同时，提取出答案句的主干成分，并计算关键词权重，提交给问题求解模块。

（三）问题求解模块

根据问题分析模块得出的关键词集合，信息检索模块首先将这些关键词与数据库中的问题进行匹配，并直接将该问题相应的答案返回给用户；如果数据库中缺少与之相匹配的问题，可以利用搜索引擎对关键词进行搜索，将搜索到的网页进行权重计算，形成候选答案集——网页名称、网页链接等，这时可以使用 HtmlParser 库将网页下载到本地，根据相似度权重的大小排序，对于靠前的记录，将原网页格式去掉，留下文本信息并对句子进行标记，作为候选答案呈现给交互界面。系统的数据流程如图 5-11 所示。

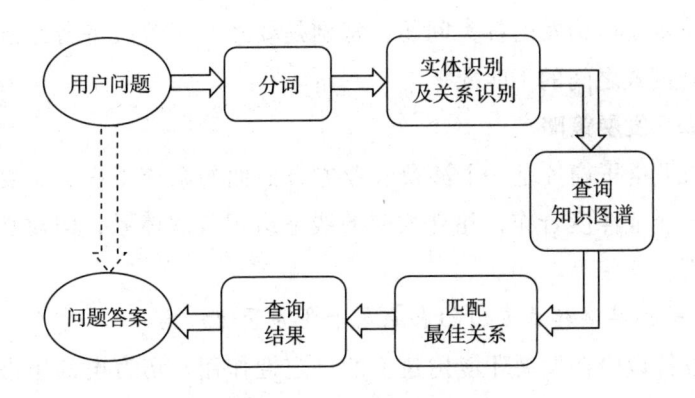

图 5-11 系统数据流程

在数字乡村建设背景下，农业技术服务的智能化是提高各级农业技术部门服务质量的有效路径。针对农民用户在知识和技术上没有适当的查询平台的问题，依托于自然语言处理和人工智能技术，构建基于知识图谱的农业知识问答系统，在友好、科学和精准的设计原则下，问答系统不仅为农民用户提供方便快捷的查询平台，也为农业科学知识的普及提供更多方式。

第七节　改善农村电子商务发展环境

一　发展原则

政府在产业发展中最重要的角色莫过于保证国内市场处于活泼的竞争状态，制定竞争规范，避免托拉斯状态。只有让民间资本进入一般竞争性行业，按照市场价格来配置资源，才有可能让产业结构与需求结构相吻合[1]。在形成产业集群方面，政府并不能无中生有，但是可以强化它。平台经济的出现将归属于不同产业的新技术、新产品、新服务与新市场连接在一起，跨越不同的传统部门，允许信息资本开放和再投入，提高对信息资本投入的认识，进一步放开政策和服务管制，运用经济、法律和行政调控手段，灵活应对信息技术革命引发的各类问题，特别是要致力于解决平台经济与多重管制模式之间的不匹配[2]。

二　发展策略

农业电子商务是一个涉及农业方方面面的系统工程。需要县域政府与企业深度合作，建立相应的线下组织管理体系，构建县级电商生态。

（一）县域建立专门的农业电子商务管理机构

发挥政府在发展环境构建上的决定性作用。培育电商生态，构

---

[1] 王东京：《经济全球化与中国的经济结构调整》，《管理世界》2017年第5期。
[2] 李凌：《平台经济发展与政府管制模式变革》，《经济学家》2015年第7期。

建新型流通体系,需要协调各方关系,某种意义上是"一把手工程",需要建立县市主要领导带队的电子商务管理部门,推进农业电子商务环境下的政府职能转型改革,更好发挥政府在发展环境构建上的决定性作用,加快培育多元化新型经营主体,对电子商务经营主体持开放理念,赋予电子商务经营制度新的政策内涵。基层农村政府积极向服务"三农"电子商务职能转型,提升农业电子商务效率和竞争力。

(二)加强培训树立示范试点

充分利用好国家培育"新型职业农民"的发展契机,培育一批既懂农业又懂营销,会用互联网思维和手段,发展农业经营的新型农民主体和农村销售经纪人,带动广大农民形成以市场为导向、融合"互联网+"绿色发展的生产组织方式,推进种养大户和家庭农场的发展,他们是向电子商务经营转变的骨干力量和基础。

(三)加强组织促进电子商务经营主体间的联合

准确定位不同主体在发展的农业电子商务经营中的功能,推广多种形式的利益联结关系和组织化方式,促进融合发展、利益共享,提高要素配置效率。要构建农户家庭经营为基础,合作与联合为纽带的,集约化、立体式、复合型现代农业电子商务经营体系。

(四)加强基础设施和社会化服务支撑

在县域改善农业电子商务服务供给,提升社会化服务对农业电子商务发展的支撑作用,构建县域农业电子商务综合服务体系,推行标准化、绿色化生产,加强对农产品生产技术指导和质量安全监控,建立冷链物流体系等农业社会化服务组织,发挥专业化、规模化优势,提供统一服务,降低成本、提升效率。[①] 将农村产业融合发展与新型城镇化建设有机结合,引导农村第二、第三产业向县城、重点乡镇及产业园区等集中。

---

① 国务院办公厅:《国务院办公厅关于推进农村一二三产业融合发展的指导意见》,中华人民共和国中央人民政府网,http://www.gov.cn/zhengce/content/2016-01/04/content_10549.htm。

(五) 加强涉农平台经济监管

针对涉农服务平台的规律和特点，加快相关领域体制机制的深化改革，实现与服务业发展、新型农业经营主体培育等相关监管和扶持政策的有机衔接，激发涉农服务平台市场活力。尤其围绕建立市场准入负面清单制度、破除各类显性隐性准入障碍、确立法人主体平等地位、实行统一综合协同监管等方面，打破不利于涉农平台经济发展的利益格局，为涉农服务平台提供平等的发展机会。把握涉农平台经济的产业属性和运行规律，增强监管和调控的可预见性，平衡创新风险与创新收益的矛盾关系、一般性与特殊性的辩证关系，衔接现有成熟的监管措施、避免设置不成熟的管制手段，发挥协会型组织、联盟型组织等在平台治理和自律中的作用，减少对平台创新活动的实质性损害，创建涉农平台经济发展的良好环境。此外，还应健全完善金融机构、科研单位等与平台的对接机制，加快推进农村信用体系、农业大数据服务、农业标准化生产体系、农产品质量安全监管体系、农业信息化基础设施等建设工作，加快完善融资支持、人才培养、土地使用、联合重组、财政税收等政策，为涉农服务平台健康发展提供支撑[①]。

第八节 案例分析

一 基于电子商务平台的 O2O 流通体系建设

基于"互联网+"的农产品上行和工业品下行双向城乡流通体系建设是实施乡村振兴战略的重要方面，解决线上平台和线下组织的有效衔接问题是实现"互联网+城乡流通"的关键环节。O2O（Online To Offline）模式，能够有效融合线上与线下，发挥 O2O 模

---

① 芦千文：《农业产业化龙头企业发展涉农平台经济的作用、问题和对策》，《农业经济与管理》2018 年第 3 期。

式的优势,去解决城乡双向流通问题是一种值得探索的路径。基于平台经济理论、平台技术以及中国O2O农业电子商务发展现状,以河北省连锁零售企业365的城乡连锁店为案例的O2O城乡流通模式,基于云平台技术建立了农业全供应链应用框架,解决了平台与终端市场对接和农产品最后一公里配送问题。基于平台的O2O流通模式通过优化流程和整合资源,能够促进线下线上融合、城乡融合、多主体融合、产业间融合,为实现"互联网+"城乡双向流通提供模式参考。

O2O模式是基于"互联网+"具有高度柔性的商业模式。O2O模式可以将线下交易与线上订单结合在一起,消费者在线上订货和支付、线下体验服务和提取商品,具有线上、线下双重优势,不但具有网上购物的便捷性,而且具有更好的用户体验性[1]。由于农产品保鲜和物流等流通的特殊性,采用O2O农业电子商务模式进行农产品流通的探索,来降低流通成本,有效缓解信息不对称问题,具有得天独厚的优势[2]。

(一) 中国农业O2O模式研究现状

自2014年以来,中国很多生鲜电商和超市已经开始尝试O2O模式,业界许多学者开始进行O2O农业电子商务的研究。汪旭晖依据核心流通主体的不同,把农产品O2O模式分为四种:基于加工企业的农产品O2O模式,基于农民专业合作社的农产品O2O模式,基于批发市场的农产品O2O模式以及基于零售企业的农产品O2O模式。[3] 朱婧提出了线上线下协同发展的"农资企业+电商平台+物流商+农民合作社+农资需求者"的农资O2O电子商务模式。[4] 刘路星针对有机农产品企业提出了通过体验式营销增强营销介入程度,

---

[1] 孔栋等:《O2O模式分类体系构建的多案例研究》,《管理学报》2015年第11期。
[2] 张则岭:《O2O农产品电子商务的机遇与挑战》,《物流技术》2014年第23期。
[3] 汪旭晖、张其林:《基于线上线下融合的农产品流通模式研究——农产品O2O框架及趋势》,《北京工商大学学报》(社会科学版)2014年第3期。
[4] 朱婧、徐玲玲:《农资O2O模式的崛起》,《企业管理》2017年第12期。

通过线上与线下结合进行客户关系管理,更多关注消费者以便实现精准目标营销的O2O运作策略。① 李小斌提出通过设立农村信息服务站来促进O2O农牧电商发展的策略。② 张海彬、薛永莉提出了基于O2O的农产品电子商务发展对策与建议。③④ 刘助忠认为集成优化各地区、各企业、各环节的农产品供应链流程,是"互联网+"时代"O2O"型农产品供应链可持续发展的关键。⑤ 张应语构建了O2O模式下生鲜农产品购买框架,并提出了促进生鲜农产品O2O电子商务的一系列发展措施;⑥ 张旭梅提出了生鲜农产品供应链O2O模式。⑦

这些研究成果关注了农产品或者农资电商的O2O模式,研究平台建设和实施运作策略的文献少见,缺乏农业产业链一体化的农业电商O2O模式的分析研究,并没有将农业产业链中的产前、产中、产后整合在一起。

(二)基于线上平台和实体连锁店的O2O流通模式

1. 连锁实体零售机构的电子商务转型发展

在互联网背景下,许多连锁实体零售商(超市)寻求转型升级,积极转型探索新零售模式。这是因为线下零售缺少用户分析,只能通过传统模式进行管理和营销,受线下地理位置、店铺大小等物理局限,SKU数量有限,只能覆盖周边的3—5公里的客户群,受线上零售的冲击较大。

---

① 刘路星等:《有机农产品O2O营销模式创新研究》,《求索》2015年第8期。
② 李小斌:《农牧电商O2O运营模式构建策略研究》,《农业经济》2016年第2期。
③ 张海彬:《O2O农产品电子商务的机遇、问题与对策》,《农业经济》2016年第10期。
④ 薛永莉:《互联网时代农产品O2O模式发展存在问题及对策》,《农业经济》2017年第9期。
⑤ 刘助忠、龚荷英:《"互联网+"概念下的"O2O"型农产品供应链流程集成优化》,《求索》2015年第6期。
⑥ 张应语等:《基于感知收益—感知风险框架的O2O模式下生鲜农产品购买意愿研究》,《中国软科学》2015年第6期。
⑦ 张旭梅等:《考虑消费者便利性的"互联网+"生鲜农产品供应链O2O商业模式》,《当代经济管理》2018年第1期。

河北国大连锁商业有限公司是河北省一家连锁实体零售商，以经营"36524便利店"为核心业态。自2014年开始，借助互联网技术转型升级，携手京东、天猫等电商巨头和互联网金融机构，采取"实体店+互联网+金融"模式，实施线上线下相结合的O2O新零售模式。该公司以在京、津、冀布局的1000家市区36524便利店和15000多家"好乡亲365"农村实体网店为核心，搭建"好乡亲365"农村电商综合服务平台，一方面提升顾客的消费体验，促进供需有效衔接，另一方面构建工业品下乡、农产品进城网络通道。

2. 基于信息技术的农业供应链重构

农业电商模式向O2O新业态的转型，需要重构优化农业供应链，利用互联网对农资供应、农业生产、农产品流通、经销和服务全过程的农业供应链进行优化改造。基于O2O的新型农业供应链应该以互联网电商平台为纽带，通过产前、产中、产后各环节的资源整合和流程优化，形成一个由连锁零售商、农资供应方、农产品生产方、物流配送方、消费者组成的互联网生态圈，将物联网、大数据、人工智能技术与农业电商深度融合。

3. 以平台为依托的连锁零售商O2O模式

以连锁零售商为物流节点基于电子商务平台，线上实现信息共享，线下通过物流配送系统，一端直接联系农业生产者，另一端对接连锁零售商和消费者，消费者在线上支付、线下提取商品，享受服务。在原有农产品电子商务模式的基础上解决了消费端农产品物流最后一公里的配送问题，如图5-12所示。

（1）互联网农业电商平台——Online信息流。包括移动电子商务和Web电子商务两种形式，是供应链上的各主体的纽带，提供在线信息服务、实现农产品、农资的在线交易以及物流查询、食品追溯，实现信息共享。同时汇聚了消费大数据，可以通过对顾客的个人信息、地理位置、购物信息等消费大数据进行分析挖掘，构建用户画像，分析用户的消费偏好和消费能力，为零售商在线下门店和线上平台的农产品的推广提供支持，为农业供应链上的各主体提供大数据分析应用服务，实现供需精准匹配。

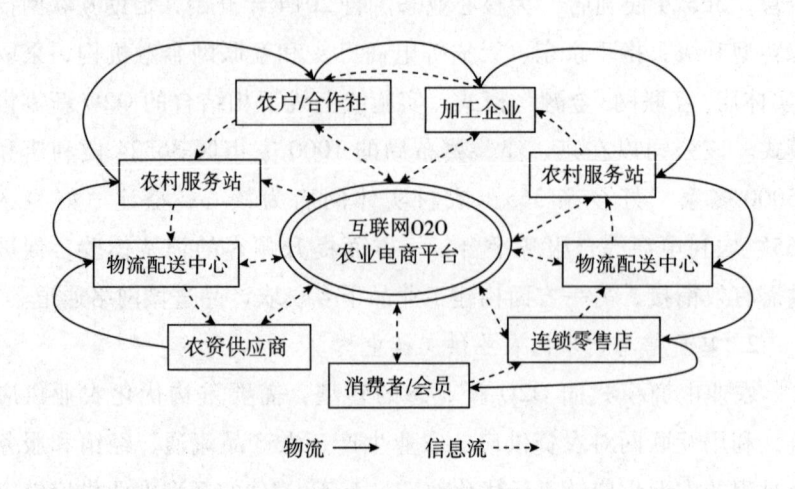

图 5-12　基于平台的 O2O 双向流通体系

（2）连锁零售商——最后一公里组织主体。连锁零售商是核心流通主体，在市区拥有成熟的由超市、便利店组成的销售网络，在农村布局了实体网店，开展"网上商城+实体连锁"的 O2O 电子商务，同时进行网上销售和实体店营销。消费者可以线上交易，线下就近到连锁店体验和取货。农村网店是特色农产品"进城"农资等工业品"下乡"的中转站。

（3）物流配送中心——物流主体。由成熟的第三方物流和连锁零售商的仓储基地为主，自建物流作为补充，构成物流配送体系，通过互联网、物联网技术构成的智慧物流服务平台。

（4）农户、合作社、基地、农产品加工企业——农产品生产者。是农产品的生产者，成为连锁零售商的会员，提供农产品，通过电子商务平台，实现小农户对接大市场。

（5）农资供应商——生产资料提供者。农资供应商不仅提供农产品生产资料，还应为农户提供农技信息服务。将农资供应商纳入农产品供应链中，有利于构建全链条可追溯体系，实现产品来源可查、去向可追，保证消费安全，也是实现农业生产标准化的基础。

（三）基于平台经济的O2O流通模式实施路径

"好乡亲365"农业电商平台是典型的以零售企业为核心的农产品O2O农业电商模式，通过电商平台搭建、实体店软硬件技术升级、客流引导、农村电商人才培训等实施运作策略，实现了"商品+服务""线上+线下""零售+体验"的新零售创新模式。

1. O2O农业电商平台的搭建

应用云计算、物联网、移动互联网、人工智能等技术，基于农业供应链模型，构建城乡一体化O2O农业电子商务综合服务平台，平台架构如图5-13所示。

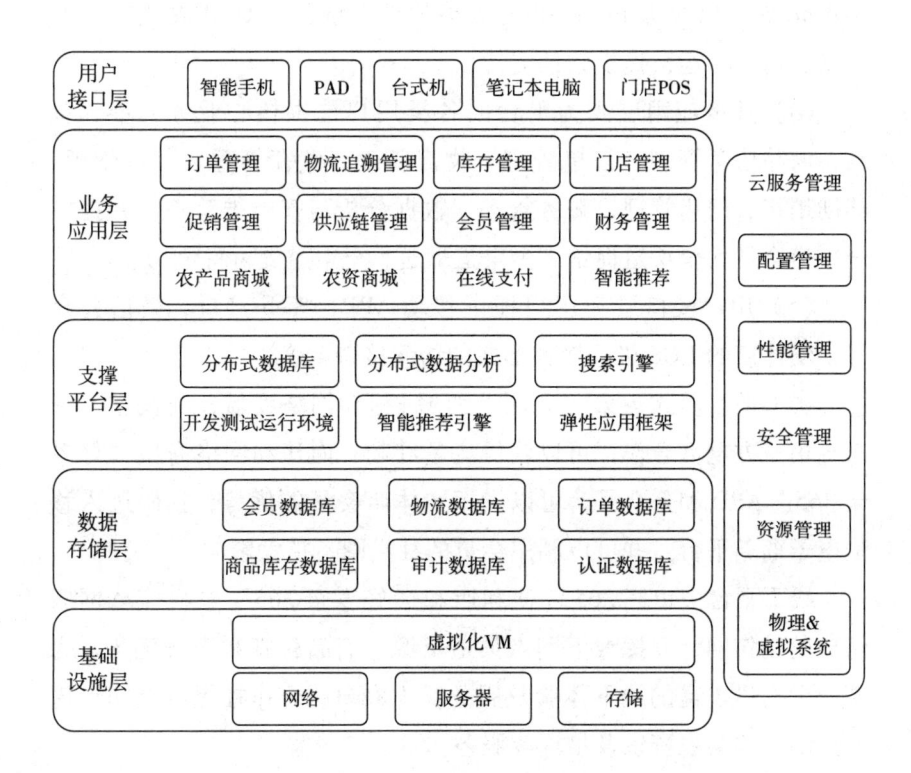

图5-13 城乡一体化O2O农业电子商务平台架构

云平台包括基础设施层、数据存储层、支撑平台层、业务应用层以及用户接口层。

（1）基础设施层由服务器、存储、网络等物理设备组成，经过虚拟化形成计算池、存储池、网络池，封装成统一透明、逻辑集中的服务资源，为O2O农业电子商务平台的实施提供数据存储、网络传输、计算资源等基础设施服务。

（2）数据存储层主要存储O2O农业电子商务所涉及的结构化和非结构化数据信息，如商品数据（库存）、订单数据、会员数据、供应链数据、农业专家知识库等。

（3）支撑平台层则提供结构化和非结构化数据存储查询管理系统（如MySql、Orcale、DFS、HBase等）、操作系统（Window、Linux、Hadoop等）以及Eclipse、Python等软件系统，为O2O农业电商的开发、运行、运营提供软件支持。

（4）业务应用层则为平台的各类用户提供核心业务功能，包括：商品信息管理、订单管理、物流管理、库存管理、会员管理、移动销售、门店管理、账务管理、数据分析与智能推荐等，并提供全渠道会员、全渠道促销、全渠道配送、全渠道支付特色功能。

（5）用户接口层为用户提供移动APP、Web接口、微信公众号、实体店的POS机等多种形式的访问接口。

线上平台模式为第三方网上商城+移动网络商城，与淘宝、京东等第三方电商合作，可以获得流量红利；而移动网络商城"好乡亲365"APP和公众号，可以发挥实体店会员的优势，扫码进入移动电子商务平台，并可以利用会员的社交圈，扩大影响。

线下平台由市区36524便利店和"好乡亲365"农村实体网店组成的销售网，发挥线下网点渠道资源、商品品牌和服务优势，为消费者提供丰富的线下体验及服务，为农户、合作社提供上网销售农产品，购买农资以及培训等服务。

第三方平台除了电商平台外，还包括第三方物流平台、第三方支付平台等。与阿里巴巴、腾讯等互联网巨头合作，通过支付宝、微信支付、菜鸟驿站、微信公众服务平台的对接，实现线下实体门店与线上电商平台的融合。

2. 实体店软硬件技术升级，整合城乡资源

电商企业负责搭建电子商务云平台，对现有的36524便利店和好乡亲农村网店进行软硬件的应用升级，各实体店、农村网店统一配置软硬件系统，可以通过不同的方式接入云平台，升级支付功能，能够适应多种支付场景和模式，既支持线下的银联支付，也支持线上的支付宝、微信等移动支付方式；对接菜鸟驿站的快递物流系统，为客户网购取件提供保障。移动支付的普及，为整合供应商、合作商、消费者等上下游产业链大数据资源提供了通畅的渠道，真正实现线上线下信息的无缝对接。通过"统仓统配+集中联采+陈列服务+门店设计+经营指导"，整合城乡资源。

3. 客流引导，推动线下线上融合

在客户细分上，针对消费者对食物的消费习惯，如家乡情结、小时候的味道，以及生鲜农产品的保质期短、物流配送成本高的特点，好乡亲365的定位是提供河北省的优质土特产品，服务京津冀城乡1亿消费者。

在引导客流上，采取多种有效措施引导客流。一是将线下客户引流到线上，在实体店体验消费时，扫描二维码，关注电商微信号，微信支付等即可接入移动电商平台，将线下客户引流到线上。二是将线上客户引流到线下，通过消费者线上购买，然后到附近的便利店体验式购物、自提商品等，将线上客户引流到线下。三是通过与移动、电信进行合作，在实体门店增加移动积分兑换、电信积分兑换活动；与阿里合作，在实体店使用支付宝红包活动；与菜鸟合作，设立菜鸟驿站等活动引导客户到实体便利店。四是依靠多年来积累的良好口碑和线上线下的丰富的会员资源，通过社交微信圈，关注电商微信号、扫描二维码下载手机App，引导新客户到线上商城。通过引导客流，推动线下实体门店与线上电商平台的融合，引导社会消费方式的转变。

4. 搭建会员联盟，实现多主体共赢

（1）以农业供应链为主线，以O2O农业电商平台为载体，搭建由相关企业、高校、科研院所、金融机构及行业协会组织组成的供应链会员联盟，充分利用各方面力量，整合资源、协作互动，形成网络销售平台+科研院所+深加工企业+市场超市+检验检测+金融服务的网络体系，凝聚各方面力量，实现多主体合作共赢。

（2）完善线上和线下会员管理制度，丰富客户关系。通过线上与线下结合，管理顾客关系，充分开展各种营销活动以及人文情怀，提升客户的消费体验，将线上客流引流到线下，增加客户的黏性。完善营销策划，实现品效合一和提供个性化服务。

利用电商平台，根据对用户数据信息的分析和挖掘得到的用户画像，进行产品设计，实现个性化产品和服务的销售宣传，满足消费者个性化的产品需求。

5. 培训农村电商人才，助推农村电商快速发展

目前，农村电商发展面临的最大问题是缺乏具有电商背景知识的人才。农村电商平台的运营既需要顶层设计人才，又需要网店经营人才，还需要品牌策划人才、包装设计人才以及营销推广人才。可通过多种途径进行电商人才培训，加大培训的力度。一是通过布局在农村的实体网点，对网店经营者以及相关农民、合作社人员进行电商技能培训，让这部分农民体会到电商的优势；二是通过农村电商示范县的县级农村电商公共服务中心，建立专业的电商人才培训基地，不定期地对农民学员进行电商理念和实操的培训，指导帮助农民学员开设店铺、产品包装等；三是鼓励具有实践经验的电商从业者和大学生到农村创业，提高农民的信息化水平，培养出一批懂业务、会经营、能带头致富的农业电商人才。

6. 利用大数据分析，提高资源整合的效率

河北国大连锁商业有限公司有一个目标，该目标是在期限内将36524便利店的数量扩展到3000家，要求基本覆盖京津冀地区的城市区域，同时联合365集团旗下的30000家好乡亲，以及365家农村实体网店,包括目前服务京津冀城乡1亿消费者,为"消费大数据"的产生奠定基础。

O2O农业电商平台的运营会积累消费大数据,通过对这些消费大数据的分析、整合和挖掘,电商平台可以追踪监测市场的变化情况,帮助农业生产者了解农产品的需求,实现订单农业种植,缓解"卖难买贵"的问题,实现农业生产无缝连接消费者需求。通过农业电商的大数据分析,政府能够及时掌握消费者需求和生产者变化,引导农业供应链上的农户、企业、经营主体调整优化产业结构,助力农业供给侧结构性改革[①]。

（四）基于平台的O2O双向流通体系的要素配置优势

这种新的O2O模式的优势主要是：其一,依托连锁零售商作为核心流通主体,其在市区拥有成熟的由超市、便利店组成的销售网络,在农村布局了实体网店,开展"网上商城+实体连锁"的O2O电子商务,可以有效整合生产末端和销售末端的资源,解决农产品电子商务供应链生产端和销售末端物流面临组织化程度低等实施困难。其二,通过电子商务平台优化农业产业流程,能够实现线下线上融合、城乡融合、小农户与大市场的融合、多主体融合、产业融合。有利于加强产销对接,有效地促进供需能够精准匹配和相关产业模式转型升级。

1. 线下线上融合

线上以电子商务平台为核心进行网络营销,实体零售商可以在电子商城发布相关信息,进行产品宣传和品牌推广。消费者则可以在线上购买农产品,提交订单,完成在线支付,查看物流信息,评价农产品及服务,从而形成网络口碑。线下系统则是以市区连锁实体店和农村服务站构建实体营销网为核心进行线下交易和体验服务,实体店陈列网上的农产品实物,客户到店取货,进行体

[①] 杭州市余杭区统计局课题组：《农村电商方兴未艾发展升级大有可为——杭州市余杭区农村电商高质量发展对策建议》,《统计科学与实践》2018年第7期。

验式消费；农村网店则是农产品上行和农资等工业品下乡的中转站，一方面展示本地的土特农产品，另一方面提供农资的销售和农技服务。

2. 城乡融合

以"电商平台+连锁实体店"的模式，实现工业品下行，农产品上行，物流互通，信息共享，城乡融合发展，城乡互补。

3. 小农户与大市场的融合

将农业电商服务点延伸到乡村，组织小农户通过利益联结的形式加入到农业合作社等，通过电商平台，推销特色农产品。小农户通过移动电商平台了解国家政策、农技推广、市场价格等信息，增强发展生产、提高收入的能力，融入农业产业链。

4. 多主体融合

O2O农业供应链中参与主体更广泛，不仅包括农资供应商、零售商、农户、合作社、农产品加工企业、第三方物流配送中心、消费者，也包括如政府、科研院所、农业服务机构等，还包括以农业电商平台为核心的互联网协同平台。其中协同平台包括互联网电商平台、第三方物流平台、支付平台、质量安全追溯平台、大数据分析应用平台；政府、科研院所、农业服务机构虽然不是农业供应链的直接参与者，但能够提供农业电商平台上的政策、市场、农技等服务信息，间接影响着农业供应链的运作。

5. 多产业融合

O2O农业供应链中，既有下乡的农资等工业品的采购、仓储、物流、配送、售后等，也有进城的农产品的生产、包装、营销、交易、运营等。只有联合重组，以分工协作为前提，以规模经营为依托，以利益联结为纽带将农业供应链上的龙头企业、零售商、农业专业合作社等农业经营主体结成农业产业化联合体。农业产业化联合体通过整合优化体内资源要素共享"一盘棋"配置，集中实现新型农业产业链全程的集约化、标准化、专业化，最终让农业高质量发展、农民增收。

（五）好乡亲365城乡一体化O2O电子商务综合服务平台的特点

1. 平台界面

平台已初步建成，实现了"商品+服务""线上+线下""零售+体验"的新零售创新模式。

2. 平台业务模式

（1）统采统仓统配统销。源头厂家直采，无中间批发环节，最大化降低采购成本；自建仓储配送设备，保证商品库存准确，大幅度提高城配效率；自有业务团队，自建业务渠道，可以为商户提供专业化服务及经营指导；提供更全面的商品品类，包括酒水饮料、休闲食品、方便食品、粮油调料、百货洗化等。

（2）自有供应链金融及大数据业务。集团拥有专业化金融业务团队，为商户提供商品销售收益外的金融收益；自有大数据中心，可以为商户提供精准经营数据，为商户提高商品周转、销售额、资金周转等实际经营业务提供一站式服务。

3. 平台优势

通过自营采购、自建仓配、自有渠道的方式，是一个包含全品类商品、价格体系规范的灵活销售模式。

（1）业务体系建设：客户注册流程及审核，销售流程，客户结算流程，退换货流程，线路管理。

（2）支撑体系建设：退换货标准，客户问题解答，语述构建，营销企划构建。

（3）数据体系构建：客户质量衡量标准数据体系构建，客户提升数据体系建设，业务衡量标准数据体系构建，营销质量数据体系建设，商品、营销、人事、仓配等对接数据体系构建。

（4）管理体系构建：组织结构搭建，权责体系搭建，培训体系搭建，团队建设体系搭建，365集团业务平台专业团队服务体系搭建。

（5）系统便捷：商品信息了解便捷，次日达城配体系满足客户商品周转需求。

（6）产品直供：与品牌商直接合作，优质商品直供。

（7）服务增值：专业化团队提供经验支持，供应链大数据提供经营指导，供应链金融提供稳健收益。

经过近几年的发展，线上平台越来越完善，目前运行网站是365cbd.com，移动应用是365cbd。

4. 平台的技术特点

（1）基于移动互联网、云计算、大数据思维与架构构建。

（2）统一线上线下会员信息，打造完整、高效的会员管理体系。

（3）统一线上线下订单接收、下发、执行与管理。

（4）集中管理的、共享的、实时更新的库存数据。

（5）通过线上线下多种物流模式，保障准确、及时、无漏的商品交付和物流执行。

（6）线上线下灵活一致的定价策略以及多样化促销活动支持，实现点对点精准营销和O2O闭环营销。

（7）适应多种支付场景和模式（传统线下及移动支付），支持银联、储值卡、公交卡、支付宝（条码）、二维码、微信等多种支付方式。

5. 好乡亲365城乡一体化O2O电子商务综合服务平台模式总结和展望

基于平台经济的O2O城乡流通模式，线下依托连锁零售商作为核心流通主体，其在市区拥有成熟的由超市、便利店组成的销售网络，在农村布局了实体网店，开展"网上商城+实体连锁"的O2O电子商务，可以有效整合生产末端和销售末端的资源，解决农产品电子商务供应链生产端和销售末端，面临的组织化程度低等实施困难；通过电子商务平台能够实现线下线上融合、城乡融合、小农户与大市场的融合、多主体融合、产业融合，有利于加强从生产到消费等各环节的有效对接，降低企业经营和交易成本，促进供需精准匹配和产业转型升级，全面提高产品和服务质量。在此基础上实施的"好乡亲365"农业电商平台是典型的以零售企业为核心的农产品 O2O 农业电商模式，通过电商平台搭建、实体店软硬件技术升级、客流引导、农村电商人才培训等实施运作策略，实现了"商品+服务""线上+线下""零售+体验"的新零售创新模式，打造造血式扶贫模式。

（1）借助 365 集团覆盖广泛的城乡一体化销售平台，整合线上、线下资源，构建"消费大数据生态系统"。

（2）进行营销大数据分析和数据挖掘，构建智能推荐系统，提高精准信息服务能力。根据每个顾客的偏好和意图，通过大数据与生活应用场景的结合，让大数据产生"大智慧"，推广绿色健康的生活方式，不断提升大家的生活品质。

（3）城乡一体化 O2O 农业电子商务平台模式的推广。

二 基于平台的"教育+产业"助农创新模式

农村贫困问题一直是阻碍中国全面建成小康社会的原因之一。近几年，政府越来越重视农村经济发展。2015 年国务院办公厅印发的《关于促进农村电子商务加快发展的指导意见》指出，农村电商是转变经济发展方式的重要手段和实现精准扶贫的重要方式。要着力推动"互联网+农业"的快速发展，进而推动农业升级、农村发展、农民增收。将电子商务与农村经济进行有机结合，以电商助农的方式落实精准扶贫与乡村振兴战略，全力推动农民群体迈入全面小康社会的步伐。本节以安徽工业大学对六安市裕安区红石岩村扶贫助农项目为例，对该村电商助农项目实施情况进行总结，探索电商助农的创新模式。

（一）电商助农传统形式

数字经济推动乡村产业振兴的传统形式为电商形式和文化产业输出形式，其中以电商为主。

1. 电商形式

主要有传统电商和直播电商[①]。当地可以依托地域传统特色产

[①] 成栋等：《直播带货的本质：是颠覆式创新还是对传统电商模式的扩展》《商业经济研究》2021 年第 5 期。

品作为内容加以包装，在资本进入后，其带来的专业的生产、加工、包装、宣传机器可充分发挥产品价值。将优质内容投递到每个人的智能终端。电子商务的跨地域特性能够帮助农村经济打破以往的有形市场的局限。在互联网电商平台出现以前，中国的农村已有分区域产业集中的特点。以河北为例，就有白沟的皮具、安国的中药材、安平的丝网和永年的标准件等。在互联网电商出现以后，随着信息传播速度大大上升，以及人们"一地产一物"的传统认识，使其产地的产业集中度进一步增加，两者互相促进，形成正反馈。

2. 数字文化产业带动

文化产业作为一种特殊的经济类型，其发展需要依托强大的技术支撑和广泛的消费市场[①]。中国农村在数千年的发展过程中，形成了多样的民俗和文化。由于历史上交通不便，也造成了"十里不同音，百里不同俗"的情况。这种"部分相同，部分不同，略有耳闻，未曾得见"的情况，对同属中华文明圈的人员具有相当大的吸引力。但是要体验这种文化，需要本人实地体验，花费成本过高。移动互联网背景下，以抖音、快手为平台的短视频产品为农村文化数字化和传播提供了平台。例如华农兄弟、手工耿等，其传播力度超过了以往途径。与传统文化产业相比，数字文化产业可以克服乡村文化经济发展过程中存在的市场规模小、开发同质化、资源破坏、创意不足等问题。

不同于电商的标准化制造包装和推广，乡村文化内容由于其内容和形式的多样性，必须寻找符合自身的个性化承载、传播和变现方式。由于风险巨大和不确定性强，资本无法在初期介入，只能在IP具有一定影响力后中期介入。

3. 其他形式

如乡村旅游、乡村康养等内容同样有希望获得长足发展，但目

---

① 李翔、宗祖盼：《数字文化产业：一种乡村经济振兴的产业模式与路径》，《深圳大学学报》（人文社会科学版）2020年第2期。

前尚未发展为普遍性的产业。当下比较典型的乡村产业与数字经济结合的成功案例都是点状分布，成功的偶然性较大、无法复制，对于拉动大规模乡村产业振兴价值有限。而通过建设数字乡村，填补城乡数字鸿沟，才能够为乡村产业振兴提供坚实基础。

（二）电商平台介入型"教育+产业"助农新模式[①]

"教育助农"与"产业助农"互相融合的新模式电商助农，通过促进农村电商的发展，不仅对贫困农户传授相关技能知识，并且帮助其宣传和销售农产品，从产品生产到销售至消费者手中各个环节落实到位。新模式旨在利用互联网电子商务平台，使绿色农产品走出山区，使山区绿色农产品成为当地农民经济发展的取之不尽的源泉，如图5-14所示。

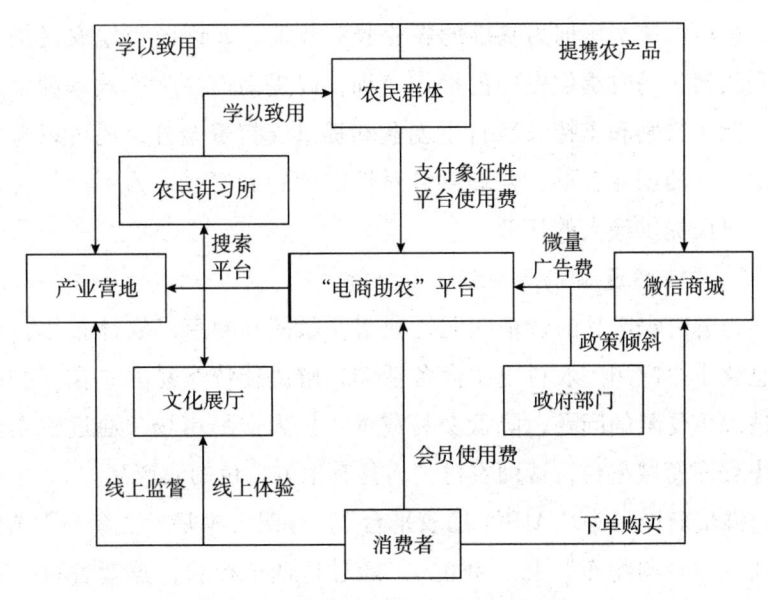

图5-14 电商助农平台运行机制

资料来源：雷瀚等：《"互联网+"视角下电商助农创新模式探索——以六安市裕安区红石岩村为例》，《安徽工业大学学报》（社会科学版）2020年第2期。

---

① 雷瀚等：《"互联网+"视角下电商助农创新模式探索——以六安市裕安区红石岩村为例》，《安徽工业大学学报》（社会科学版）2020年第2期。

该模式以"教育培训"为基础,结合"产业助农",从多方面、多层次对农民群体提供培训和帮助;为村民讲解互联网知识,提高当地的劳动力素质,把"输血"与"造血"治标与治本相结合,促进农村经济发展。

1. "教育助农"设计

"教育助农"政策为村民服务,通过贫困村各级组织农民开设作坊,免费公开讲座。同时开展 SIYB 创业、意识培训、组织专利机器使用培训等,培养当地农民创客成为先锋创业者。联合农业科技专家、农业生产专家、农产品渠道专家等农业产业链上下游专业组织,鼓励农民进行自主创业,扩大地方产业链。该政策还侧重于开展公开讲座、传授当地农业技术、向当地农民提供机械设备和电商平台技术的支持。

这项以免费培训为基础的农业服务政策,允许向当地农民提供专利机器,同时提供专门的操作培训,以提高产品生产效率和生产力;除了鼓励和支持农民自主创业和提供支持资金外,还可以免费提供专业的创业咨询,并提供针对性的问题和答疑,为不同教育水平的村民提供最大的帮助。

2. 平台渗透型"产业助农"分析

为解决农产品的营销问题,利用互联网和数字多媒体技术,将信息化手段应用到农村电子商务活动,解决传统交易方式在一些特殊情况下受阻的问题,降低交易成本,扩大交易市场。通过建立微信小程序商城平台,帮助农村销售具有地方特色的农产品。

微信商城名为"AHUT 助农平台",有四大模块:"首页""全部商品""购物车"和"我的"。通过这四个模块,消费者可以直观地了解农产品,节约购物时间,实现高效率的购物;农民也可以通过平台上显示的销售数据了解每个产品的销售量,可以及时了解消费者对产品的评价,可以迅速改善产品的不足之处;在产品购买的体验方面,平台采用 3D 虚拟核心技术软件著作权,将"AHUT 助农平台"纳入了 VR 虚拟现实技术,并提供个性化的检索服务,使产品更形象更直观更立体地展现给消费者,购物过程也变得更容易、更便捷,让消费者获得更好的购物体验。消费者和农民可以通过平台在线交流,双方决定产品交易的进行过程。

"AHUT 助农平台"还有一个专有的可追溯系统。可追溯系统可以给予每个产品特定的"可追踪性代码",实现消费者云端监控的功能。产品生产基地、产品加工企业、产品销售终端等整个产业链的上下游,通过专有设备进行信息共享,为消费者提供服务。消费者可以通过系统查看目标产品的生产日期、生产加工情况和物流信息等。与此同时,团队会定期将利润的 3% 投入村集体收入,用于资助每个村的贫困家庭的学生或留守儿童,使他们能够学习知识和接受教育,从而使他们摆脱贫困。此外,"产业助农"项目团队在安徽工业大学官方微信公众号上发布扶贫助农推文,对"AHUT 助农平台"进行推广宣传。

3. 电商助农创新模式的实践应用

红石岩村位于安徽省六安市裕安区西河口乡西南部,是具有特色农产品的偏远山区。全村有山林 16240 亩,旅游资源丰富,盛产优质的六安瓜片、毛竹和萝卜。由于受多种因素影响,长期存在农产品销路不畅问题。

(1) "教育助农"项目实施。该项目在红石岩村设立"金瓜片农民讲习所",特别为当地村民举办免费公开讲座,以增强村民的创新创业意识。公益讲座每月举办一次,每期计划约 50 人。该服务还提供了一个专门的交流问答群,方便调整服务内容和进度,以及时解决农民对于该项目的疑问。到 2019 年底,已经举办了五场公益讲座,包括作物种植技巧、电商平台管理、茶叶设备操作培训、创业意识培训。

"教育助农"服务坚持"教育助农为核心"的原则,通过"网上教学"和"线下沟通"的双重教学,让农民提高创业意识,增加农业和电子商务知识,致力于培养出一批具有创业思维、电商知识的干部,从根本上解决问题,提供可持续性创收的模式,帮助红石岩村走上小康之路。180多名村民接受了五期的讲座培训；接受免费课程培训的村民们已经能够有效了解种植技术和电商相关的知识；村民们能够熟练使用项目团队提供的专利机器。目前经过项目团队公益讲座的培训，红石岩村村民已于2020年1月20日自行创业，成立"秀云农场"。

（2）"产业助农"项目实施。红石岩村"产业助农"项目启动之前，当地所有的特产全部在线下销售。虽然产品质量优良，极具特色，但由于当地农产品的产业链不完善、市场信息不平衡、营销渠道不通畅等原因，导致每年都有大量的农产品积压。

项目启动后，"AHUT助农平台"微信小程序帮助红石岩村构建了完整的物流体系，打造出一条完整的供产销全产业价值链。该平台在商城中增加实时物流跟踪功能，利用专有的溯源系统在每一份产品上都标注"溯源码"。其中，"生长日期溯源码"将六安瓜片生长时每日的温度、光照时间以及人工程序都记录于电子标签中，为消费者提供一张产品绿色健康卡；"生产加工溯源码"则在新茶采摘结束后，对鲜叶扳片、炒青、毛火、小火、老火等程序进行信息共享，让消费者对六安瓜片的生产进行云端监控；消费者还可以通过"物流溯源码"了解六安瓜片在运送过程中所有的流通信息。通过手机直接扫描贴在六安瓜片包装上的二维码，就可以获取茶叶详细追溯信息。

在此基础上，本项目在线上为该平台提供茶文化"云展厅"，让消费者在手机端体验全过程；线下提供消费者采茶、制茶、品茶的全流程服务，通过六安瓜片的茶文化展厅让消费者零距离了解当地的茶文化。线上与线下相结合，提升茶叶销量提高红石岩村茶叶的知名度，助力农民群体增收。由于销售平台设置于微信中，人们通过微信朋友圈扩散和发布公众号等形式，就可以轻松帮助茶农增加销售量，扩大影响范围。也可充分利用拼多多、抖音、微博等社交平台对六安瓜片进行有效宣传，提高六安瓜片的销售量。红石岩村"产业助农"项目实施的整体概况，如图5-15所示。

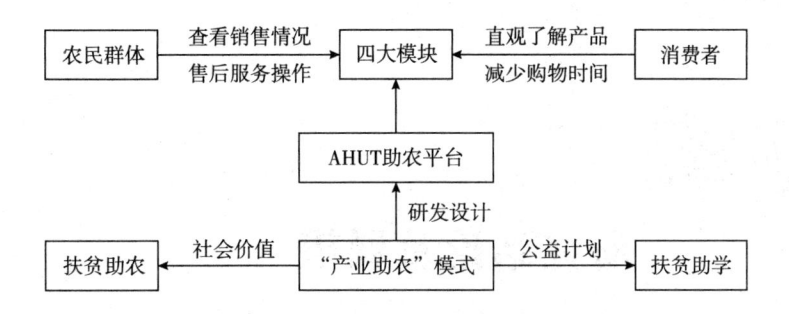

图 5-15 红石岩村"产业助农"政策实施

资料来源：雷瀚等：《"互联网+"视角下电商助农创新模式探索——以六安市裕安区红石岩村为例》，《安徽工业大学学报》（社会科学版）2020年第2期。

目前，本项目已与红石岩村456户农民签订了合同，并建立起长期的收购关系。不仅如此，本项目还邀请安徽工业大学杰出校友录制视频、直播带货，帮助红石岩村销售农产品。本项目已经获得可观的效果：与五家大型茶叶零售商签订购销协议；帮助茶农销售六安瓜片3500余斤，支持政策，利用财政增资、各项补贴、税收减免不断充实担保资本实力，提升自身盈利能力，增强担保信任度和有效性。

第六章 研究结论及展望

第一节 研究结论

本书在六次产业、农业产业化和平台经济的研究成果基础上,开展了广义电子商务赋能农村产业融合的研究。在数字乡村建设的背景下,从乡村产业信息化建设视角,研究了中国电子商务平台经济业态赋能农村第一、第二、第三产业融合发展机制、发展问题和发展路径,形成了电子商务赋能农村产业融合研究体系,以期促进农村产业融合和农业信息化发展,促进数字乡村建设,为早日实现乡村振兴的总目标做出理论贡献。

第一,在研究了大量政府文献和学术文献的基础上,界定了本书中的广义电子商务 EB(E-Business)的概念,界定了农村产业融合发展、农业产业化与六次产业的相关性;农村产业融合是农业产业化的新发展,本质属于产业融合,农业产业化是纵向农业产业融合路径,目的是构建纵向一体化的农业产业链;农村产业融合是在此基础上的横向拓宽,最终将构成块状农业产业链。农村产业融合是 2015 年在中国电子商务极大发展的环境下提出的,电子商务可以说是融合的手段和驱动因素。

第二,在发展实践研究的基础上,使用文献研究和案例研究的

第六章
研究结论及展望

方法，收集政府文献和专业学术文献，通过归纳和抽象，总结出了电子商务平台经济实现传统产业要素配置的机制：中国电子商务业及其服务经过20年的快速发展，取得了经济社会学合法性，是平台经济的一种，它通过电子商务平台系统，控制信息流、物流、资金流和事务流的流动，形成了集成化服务信息系统，科学配置流通、金融等服务业发展要素，催生了新服务组织和服务形式，改变了流通等商业服务业产业链，提升了商业服务业的绩效和政府服务绩效；积累了电子商务发展要素，促进了电子商务产业集聚；扩大了传统流通市场，依靠大数据使传统工业企业向市场导向的经营方式转变，构建基于电子商务的产业链；电子商务也促进了传统产业集群的互联网转型。电子商务通过以上各方面的发展，促进了传统产业转型结构升级。

第三，从"互联网+"视角，探讨研究了电子商务促进农村产业融合的机制。结合大量的互联网+农村案例、互联网+农业产业案例和县域农村电子商务产业集群案例，总结了电子商务平台经济下农村产业融合的现象，提出农村电子商务平台经济促进农村产业融合的机理和机制。包括：平台服务模式带来农村新市场，基于平台的农业服务生态系统逐步形成，电子商务促进县域农业产业集群的形成，农村电子商务的关键支撑要素逐渐积累，农村电子商务平台经济优化农业产业链等。

第四，从信息化发展水平角度，提出了当前中国农村产业融合发展需求和电子商务环境下中国农村产业融合的发展问题。中国农村产业融合程度不高，农业产业链较短，"卖难买贵"和"小农户和大市场"问题长期得不到解决，存在城乡信息鸿沟，农村信息化水平需要提高，农村信息化平台服务不足，公共信息服务投入不足，农业产业化龙头企业信息化管理水平需要提高，新型农业经营主体信息需求与政府部门信息服务供给脱节，农产品电商盈利困难，需要研究如何大幅降低农业产销流程的交易成本和管理成本，构建新型电子商务经营体系等问题。

第五，从弥补信息鸿沟角度，提出了电子商务环境下农村产业融合的发展思路：农业产销链上各环节信息衔接的分散化、无序化，组织的松散化，造成信息搜寻成本或物流成本增大，信息熵较大，增大了交易成本是造成以上问题的根源，弥补信息鸿沟是解决问题的总体思路。发展涉农平台经济，促进农村产业融合，以需求为导向促进农业产业结构调整。

第六，应用平台经济相关理论和信息系统工程建设理论，提出了广义电子商务环境下的农村产业融合的对策、路径和发展模式。①提出了总体发展对策：促进信息透明化、监管规范化、管理标准化和集成化，构建电子商务平台弥补农村信息鸿沟，从电子商务营销市场培育、电子商务平台构建、基于电子商务的农业产业链整合升级和基于电子商务的农村产业要素集聚等方面，助力农业现代化、农村繁荣、农民增收目标的实现。②提出了以信息系统平台替代农业产业链中不增值环节，延长和拓宽农业产业链，实现块状产业链的路径，设计了基于电子商务的农村产业融合结构：以电子商务平台为基础，构建信息通道，实现农村产业融合发展；构建扁平化、虚拟化农业组织，促进农业与其他产业在技术、产品、服务、市场等要素集聚和融合。③提出了基于电子商务平台的订单农业动态联盟融合发展模式：构建基于消费互联网的农产品电子商务上行模式，以扩充营销渠道；龙头企业构建大数据技术下以需求引导的农业产业化经营系统；发展电商平台支撑下"要素配置"带动的产业集聚。④提出了基于电子商务平台的O2O流通体系建设和基于电子商务的农产品供应链模式，构建农业技术远程服务系统平台加强农业科技服务，以及发展环境改善的对策建议。

第二节 研究不足

产业融合过程是一个复杂大系统，本书只是比较浅显地给出了一个广义电子商务环境下农村产业融合发展的机制和路径框架。①电子商务赋能农村产业融合发展路径研究侧重于信息技术对农村产业融合发展的赋能作用，对乡村旅游等多种经营模式的发展并没有展开深入研究。②对于复杂系统的结构和演化规律的认识不足，研究内容上没有涉及电子商务环境下农业产业一体化的发展演进过程，可以参照诺兰（Richard. L. Nolan）阶段模型等信息化发展模型的描述，按照初始阶段、蔓延阶段、农业产业集聚阶段、集成阶段、综合一体化阶段五个阶段来进一步展开深入细致的研究。③为了降低研究难度，本书将农业产业链看成是无差别的，而事实上，不同农产品品类的农业产业链的内在差异是客观存在的，其整合过程上也存在微观上的差异，今后需要针对不同类型农业产业链进行深入分析。④研究方法只是规范研究，没有实证分析，没有评价体系的深入研究。

第三节　研究展望

基于新一代信息技术的智慧新服务业逐渐形成，电子商务环境下传统工业进一步向智能化转型升级，传统农业的信息化、数字化和智能化发展无疑是明显落后于其他两个产业。为研究方便假设电子商务环境下产业间的新关系，如图6-1所示。农村产业融合过程是传统农业以图中A+I、A+S两个区域为出发点。最终实现A+I+S融合农业现代化的渐进过程。本书研究了A+S的发展现状，探讨了向A+I+S的最终目标迈进的路径，试图为未来智能化服务农业发展，实现智能化大健康产业研究提供相关参考。

随着产业互联网的快速发展和生成式人工智能等革命性信息技术的应用，有必要进一步开展最新前沿技术在农业产业融合发展中的应用研究。张来武认为第四产业是获取并利用信息和知识资源的产业，第五产业是获取并利用文化资源的产业，传统农业向第二、

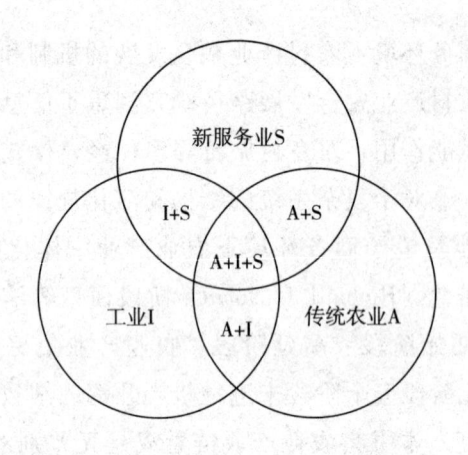

A：Agricultural   I：Industry   S：New service industry

图 6-1　电子商务环境下产业间的新关系

第三产业延伸形成第六产业，第四产业、第五产业能够促进第一、第二、第三产业融合创造第六产业[①]。陈运平等提出了构建"互联网+"智慧化农业"三位一体"模式，重点在于实施农业生产、交易、服务三者有效对接，驱动传统农业形成集生产、交易、服务于一体的产业链模式[②]。提升农业产业化程度，消除农业与第一产业和第二产业的隔离状态，构建"互联网+"驱动传统农业"接二连三"路径，形成第一、第二、第三产业大数据中心。以产业大数据中心为聚焦点，以农业智慧云平台为中心，依次将农业智慧生产平台、农业智能化流通交易平台、农业智慧网络化服务平台接入产业大数据中心，根据各子平台反馈回来的数据做相应的大数据分析，通过现有的数据分析，可以制定第一、第二、第三产业全局性交流与合作战略，然后利用"互联网+"信息共享的强大优势，第一时间将信息共享给各个子平台，各个子平台根据实际情况制定相应子战略，从而构建出"互联网+"第一、第二、第三产业大数据中心

---

① 张来武：《以六次产业理论引领创新创业》，《中国软科学》2016年第1期。
② 陈运平等：《基于系统基模的"互联网+"驱动传统农业创新发展路径研究》，《管理评论》2019年第6期。

协同化路径，推进第一、第二、第三产业的无边界化进程，实现传统农业创新发展。

随着人工智能、区块链、大数据等新一代信息技术的进一步发展和应用，农业六次产业可能会在产业互联网平台服务功能支持下，真正实现大农业的全面深度融合，发展成为人类智能化大健康产业，将是服务于每个人个性化需求的智能化服务农业。

参考文献

中文文献

著作、期刊：

习近平：《决胜全面建成小康社会　夺取新时代中国特色社会主义伟大胜利——在中国共产党第十九次全国代表大会上的报告》，人民出版社 2017 年版。

"农业产业化经营模式研究"课题组：《野力模式：农业产业化的新探索——工商企业进入农业领域的研究报告》，《中国农村经济》2000 年第 2 期。

安梦良：《基于知识图谱的智能导学系统的设计与实现》，硕士学位论文，中国科学院大学（中国科学院沈阳计算技术研究所），2021 年。

安晓明：《新时代乡村产业振兴的战略取向、实践问题与应对》，《西部论坛》2020 年第 6 期。

蔡柏良：《平台经济视野下的商业模式创新与企业发展》，《商业经济研究》2016 年第 16 期。

蔡柏良：《平台经济视野下的商业模式创新与企业发展》，《商业经济研究》2016 年第 16 期。

柴彭颐、周洁红：《发达国家农业产业化经营的经验及对我国的启示》，《浙江学刊》1999 年第 1 期。

陈池波：《农业经济学》，武汉大学出版社 2015 年版。

陈富桥、凌晨：《茶叶全产业链大数据中心功能设计与开发进展》，《农业大数据学报》2021 年第 2 期。

陈红玲等:《平台经济前沿研究综述与未来展望》,《云南财经大学学报》2019年第5期。

陈吉元:《关于农业产业化的几点看法》,《浙江学刊》1996年第5期。

陈平、王成东:《管理信息系统》,北京理工大学出版社2013年版。

陈晓军、向阳:《企业风险知识图谱的构建及应用》,《计算机科学》2020年第11期。

陈炎兵:《实施乡村振兴战略,推动城乡融合发展——兼谈学习党的十九大报告的体会》,《中国经贸导刊》2017年第34期。

陈艳红:《数字鸿沟问题研究述评》,《情报杂志》2005年第2期。

陈运平等:《基于系统基模的"互联网+"驱动传统农业创新发展路径研究》,《管理评论》2019年第6期。

成栋等:《直播带货的本质:是颠覆式创新还是对传统电商模式的扩展》,《商业经济研究》2021年第5期。

程天云:《依托农业产业化推进城乡一体化的机理与对策研究》,硕士学位论文,浙江大学,2004年。

但斌等:《电子商务与产业集群联动发展机理研究》,《情报杂志》2010年第6期。

党杨、杨印生:《信息化视角下乡村振兴战略规划与决策的大数据逻辑》,《东北农业科学》2019年第6期。

丁守海、徐政:《新格局下数字经济促进产业结构升级:机理、堵点与路径》,《理论学刊》2021年第3期。

范龙昌、范永忠:《农业产业化过程中农户利益的保障机制研究——基于"公司+农户"经营模式的分析》,《改革与战略》2011年第8期。

范小军等:《基于交易成本的营销渠道模式选择》,《企业经济》2005年第3期。

冯雷、崔月华：《论农业现代化、农业产业化及城乡一体化的关系》，《山东省农业管理干部学院学报》1999年第4期。

冯雷等：《城市郊区农业产业化与城乡一体化联动发展研究》，《农业现代化研究》2003年第2期。

冯蕾：《电子商务：让新兴服务业态走向国际》，《光明日报》2015年5月21日第8版。

符平、李敏：《平台经济模式的发展与合法性建构——以武汉市网约车为例》，《社会科学》2019年第1期。

郭红东、蒋文华：《影响农户参与专业合作经济组织行为的因素分析》，《经济研究参考》2004年第63期。

郭建宇：《农业产业化研究的国际比较：一个文献综述》，《生产力研究》2007年第8期。

郭永田：《产业兴旺是乡村振兴的基础》，《农村工作通讯》2018年第1期。

郭珍、郭继台：《乡村产业振兴的生产要素配置与治理结构选择》，《湖南科技大学学报》（社会科学版）2019年第6期。

国家发展改革委宏观经济研究院课题组、国家发展改革委农村经济司课题组：《产业融合：中国农村经济新增长点》，经济科学出版社2016年版。

国家发展改革委宏观院和农经司课题组：《推进我国农村一二三产业融合发展问题研究》，《经济研究参考》2016年第4期。

韩军涛：《电子商务背景下我国快递业发展与协同机制研究》，博士学位论文，北京邮电大学，2014年。

韩俊：《没有真金白银投入，乡村振兴干不出名堂》，《农村工作通讯》2018年第3期。

韩旭：《"互联网+"农业组织模式及运行机制研究》，博士学位论文，中国农业大学，2017年。

韩长赋：《韩长赋：大力实施乡村振兴战略》，《中国农技推广》2017年第12期。

杭州市商务委员会：《杭州市电子商务发展报告（2015）》，中国财富出版社 2016 年版。

胡岗岚等：《电子商务生态系统及其深化路径》，《经济管理》2009 年第 6 期。

胡树华、张翼新：《基于产业融合的我国汽车产业协同创新研究》，《工业技术经济》2007 年第 6 期。

胡文岭等：《"电商扶贫"中县域农产品电子商务创新研究》，《商业经济研究》2017 年第 24 期。

胡文岭等：《基于电子商务的订单农业动态联盟经营模式》，《江苏农业科学》2018 年第 12 期。

胡文岭等：《企业流程重组理论及其实施策略探讨》，《中国管理信息化》（综合版）2005 年第 12 期。

胡文岭等：《县域农业电子商务动态联盟模式研究》，《现代经济探讨》2016 年第 11 期。

胡西娟等：《"十四五"时期以数字经济构建现代产业体系的路径选择》，《经济体制改革》2021 年第 4 期。

黄建胜：《平台经济发展探析》，《经济研究导刊》2020 年第 17 期。

黄祖辉：《中国农民合作组织发展的若干理论与实践问题》，《中国农村经济》2008 年第 11 期。

纪伟：《我国生鲜电商发展现状及对策分析——以京东商城为例》，《市场研究》2015 年第 5 期。

姜春云：《中国农业实践概论》，人民出版社、中国农业出版社 2000 年版。

姜侯等：《农业大数据研究与应用》，《农业大数据学报》2019 年第 1 期。

姜长云：《建立健全城乡融合发展的体制机制和政策体系》，《区域经济评论》2018 年第 3 期。

姜长云：《推进农村一二三产业融合发展 新题应有新解法》，

《中国发展观察》2015年第2期。

姜长云：《推进农业供给侧结构性改革的重点》，《经济纵横》2018年第2期。

姜长云：《乡村产业振兴：凝神聚力才能行稳致远》，《农业知识》2019年第20期。

蒋锐等：《油料（油菜、花生）全产业链大数据的建设》，《农业大数据学报》2021年第2期。

焦帅涛、孙秋碧：《我国数字经济发展对产业结构升级的影响研究》，《工业技术经济》2021年第5期。

金伟栋：《农村一二三产业融合发展》，苏州大学出版社2019年版。

金星晔等：《数字经济规模核算的框架、方法与特点》，《经济社会体制比较》2020年第4期。

金勇、王柯：《复杂科学管理视角下的农村电商集群生态系统研究》，《决策与信息》2019年第3期。

金勇、王柯：《基于复杂科学管理的农村电商模式创新及策略》，《江苏农业科学》2019年第15期。

荆文君、孙宝文：《数字经济促进经济高质量发展：一个理论分析框架》，《经济学家》2019年第2期。

孔祥智、郭艳芹：《现阶段农民合作经济组织的基本状况、组织管理及政府作用——23省农民合作经济组织调查报告》，《农业经济问题》2006年第1期。

孔祥智：《产业兴旺是乡村振兴的基础》，《农村金融研究》2018年第2期。

雷瀚等：《"互联网+"视角下电商助农创新模式探索——以六安市裕安区红石岩村为例》，《安徽工业大学学报》（社会科学版）2020年第2期。

李道亮：《敢问水产养殖路在何方？智慧渔场是发展方向》，《中国农村科技》2018年第1期。

李东方：《"互联网+"时代中国流通组织现代化转型研究》，博士学位论文，西北大学，2016年。

李国祥：《实现乡村产业兴旺必须正确认识和处理的若干重大关系》，《中州学刊》2018年第1期。

李国英：《"互联网+"背景下我国现代农业产业链及商业模式解构》，《农村经济》2015年第9期。

李国英：《乡村振兴战略视角下现代乡村产业体系构建路径》，《当代经济管理》2019年第10期。

李建军：《农产品品牌建设——基于农业产业链的研究》，经济管理出版社2014年版。

李娇：《基于知识图谱的科研综述生成研究》，博士学位论文，中国农业科学院，2021年。

李杰义、周丹丹：《电子商务促进农业产业链价值整合的模式选择》，《农村经济》2016年第12期。

李丽、李勇坚：《农村电商发展的现状与趋势》，《中国国情国力》2017年第4期。

李丽、李勇坚：《中国农村电子商务发展：现状与趋势》，《经济研究参考》2017年第10期。

李亮：《传统村落保护与产业发展良性互动机制研究——基于广西6个典型村落的调查》，《桂海论丛》2020年第1期。

李凌：《平台经济发展与政府管制模式变革》，《经济学家》2015年第7期。

李鎏：《农产品特性对互联网+的影响机理：平台经济视角下的农产品电子商务》，经济管理出版社2021年版。

李明刚：《我国农业产业化契约稳定性分析》，《经济体制改革》2007年第3期。

李鸣涛：《农村电商发展进入转折点 未来将呈现四大发展趋势》，《中国食品》2018年第21期。

李世杰、李倩：《产业链整合视角下电商平台企业的成长机理——来自市场渠道变革的新证据》，《中国流通经济》2019 年第 9 期。

李翔、宗祖盼：《数字文化产业：一种乡村经济振兴的产业模式与路径》，《深圳大学学报》（人文社会科学版）2020 年第 2 期。

李岩、胡文岭：《基于知识图谱的农业知识问答系统研究》，《智慧农业导刊》2021 年第 11 期。

李优柱、潘文杰：《一种新型养殖经营模式的信息平台分析与设计》，《安徽农业科学》2008 年第 9 期。

李悦：《农作物病虫害知识图谱构建研究》，硕士学位论文，中国农业科学院，2021 年。

李增刚：《农民进城、市民下乡与乡村振兴》，《学习与探索》2018 年第 5 期。

厉无畏、王振：《中国产业发展前沿问题》，人民出版社 2003 年版。

梁伟军、王昕坤：《农业产业融合——农业成长的摇篮》，《北京农业》2013 年第 32 期。

林广毅：《农村电商扶贫的作用机理及脱贫促进机制研究》，博士学位论文，中国社会科学院研究生院，2016 年。

林万龙、张莉琴：《农业产业化龙头企业政府财税补贴政策效率：基于农业上市公司的案例研究》，《中国农村经济》2004 年第 10 期。

凌红：《网络经济视角下农村电商发展模式分析》，《商业经济研究》2017 年第 3 期。

刘丽伟、高中理：《"互联网+"促进农业经济发展方式转变的路径研究——基于农业产业链视角》，《世界农业》2015 年第 12 期。

刘奇：《打造五环产业链 重构农业新业态》，《中国发展观察》2015 年第 11 期。

刘奇：《乡村振兴：三农走进新时代》，中国发展出版社 2019 年版。

刘倩倩：《大数据及大数据应用经典案例分析》，《科技风》2018年第27期。

刘淑春：《中国数字经济高质量发展的靶向路径与政策供给》，《经济学家》2019年第6期。

刘巍等：《知识图谱技术研究》，《指挥控制与仿真》2021年第6期。

刘翔峰、刘强：《要素市场化配置改革研究》，《宏观经济研究》2019年第12期。

卢东斌：《产业融合：提升传统产业的有效途径》，《经济工作导刊》2001年第6期。

卢福财、吴昌南：《产业经济学》，复旦大学出版社2013年版。

卢琪等：《知识图谱在智能问答中的应用研究》，《计算机技术与发展》2021年第7期。

芦千文、高鸣：《中国农业生产性服务业支持政策的演变轨迹、框架与调整思路》，《南京农业大学学报》（社会科学版）2020年第5期。

芦千文、张益：《涉农平台经济：新兴模式、存在问题与发展对策》，《中国科技论坛》2018年第9期。

芦千文：《农业产业化龙头企业发展涉农平台经济的作用、问题和对策》，《农业经济与管理》2018年第3期。

芦千文：《涉农平台经济：典型案例、作用机理与发展策略》，《西北农林科技大学学报》（社会科学版）2018年第5期。

罗培、赵易凡：《产业数字化转型的三种形态》，清华大学互联网产业研究院公众号。

马健：《产业融合理论研究评述》，《经济学动态》2002年第5期。

马秋颖、王秀东：《"互联网+"对农业六次产业化发展的影响及推进策略》，《农业展望》2016年第10期。

马晓河：《推进农村一二三产业深度融合发展》，《中国合作经济》2015年第2期。

马宇等：《我国农业中的外商投资及政策建议》，《中国农村经济》1997年第1期。

马中东、宁朝山：《数字经济、要素配置与制造业质量升级》，《经济体制改革》2020年第3期。

毛金莹：《基于知识图谱的视觉问答系统设计与实现》，硕士学位论文，河北科技大学，2020年。

宁志中、张琦：《乡村优先发展背景下城乡要素流动与优化配置》，《地理研究》2020年第10期。

牛若峰：《中国农业产业化经营的发展特点与方向》，《中国农村经济》2002年第5期。

农业农村部市场预警专家委员会：《中国农业展望报告（2019—2028）》，中国农业科学技术出版社2019年版。

欧阳日辉：《数实融合的理论机理、典型事实与政策建议》，《改革与战略》2022年第5期。

彭鸿健等：《基于区域特色的农村电商发展路径研究》，《内蒙古科技与经济》2017年第11期。

彭影：《数字经济下创新要素综合配置与产业结构调整》，《当代经济管理》2022年第3期。

阮荣平等：《"互联网+"背景下的新型农业经营主体信息化发展状况及对策建议——基于全国1394个新型农业经营主体调查数据》，《管理世界》2017年第7期。

沈玲、李利军：《多主体推动下农村电商发展模式比较及趋势探讨》，《商业经济研究》2017年第10期。

生秀东：《农业产业化：一个理论假说及其政策含义》，《中州学刊》1998年第5期。

生秀东：《20世纪90年代农业产业化研究的理论进展》，《中州学刊》2001年第6期。

施炳展：《互联网与国际贸易——基于双边双向网址链接数据

的经验分析》,《经济研究》2016年第5期。

唐要家:《数字经济赋能高质量增长的机理与政府政策重点》,《社会科学战线》2020年第10期。

陶永芹:《专业领域智能问答系统设计与实现》,《计算机应用与软件》2018年第5期。

田杰棠、刘露瑶:《交易模式、权利界定与数据要素市场培育》,《改革》2020年第7期。

万宝瑞:《我国农业三产融合沿革及其现实意义》,《农业经济问题》2019年第8期。

汪向东、王昕天:《电子商务与信息扶贫:互联网时代扶贫工作的新特点》,《西北农林科技大学学报》(社会科学版)2015年第4期。

汪向东:《农村经济社会转型的新模式——以沙集电子商务为例》,《工程研究——跨学科视野中的工程》2013年第2期。

王宝义:《中国电子商务网络零售产业演进、竞争态势及发展趋势》,《中国流通经济》2017年第4期。

王东京:《调整经济结构的主体与目标》,《理论视野》2013年第1期。

王东京:《经济全球化与中国的经济结构调整》,《管理世界》2017年第5期。

王东京:《我的教学讲稿》,中共中央党校出版社2017年版。

王国才:《供应链管理与农业产业链关系初探》,《科学学与科学技术管理》2003年第4期。

王娟:《数字经济驱动经济高质量发展:要素配置和战略选择》,《宁夏社会科学》2019年第5期。

王凯、韩纪琴:《农业产业链管理初探》,《中国农村经济》2002年第5期。

王凯:《数字经济、资源配置与产业结构优化升级》,《金融与经济》2021年第4期。

王宁:《分享经济是一种改良运动——一个"市场与社会"的分析框架》,《广东社会科学》2018年第2期。

王润珏:《产业融合趋势下的中国传媒产业发展研究》,中国书籍出版社2011年版。

王山、奉公:《产业互联网模式下农业产业融合及其产业链优化研究》,《现代经济探讨》2016年第3期。

王山、奉公:《农业虚拟产业集群:"互联网+"创新驱动农业产业链融合的新模式》,《上海经济研究》2016年第6期。

王薇、李祥:《农业产业集群助推产业振兴:一个"主体嵌入—治理赋权"的解释性框架》,《南京农业大学学报》(社会科学版)2021年第4期。

王翔:《基于Hadoop的电信运营商海量数据处理方法的研究与应用》,硕士学位论文,南京邮电大学,2014年。

王雅君:《创新驱动要素重组:乡村产业振兴的路径》,《中共杭州市委党校学报》2020年第5期。

王亚华、苏毅清:《乡村振兴——中国农村发展新战略》,《中央社会主义学院学报》2017年第6期。

王玉、张占斌:《数字经济、要素配置与区域一体化水平》,《东南学术》2021年第5期。

王铮、唐小飞:《数字县域建设支撑乡村振兴:逻辑推演和逻辑框架》,《预测》2020年第4期。

王智菲:《民族地区特色农产品区块链电商物流金融模式构建——以贵州刺梨特色农产品为样本》,《物流科技》2022年第8期。

魏晓蓓、王淼:《"互联网+"背景下全产业链模式助推农业产业升级》,《山东社会科学》2018年第10期。

魏晓蓓、王淼:《乡村振兴战略中农村电商聚集化"2+"模式研究》,《山东大学学报》(哲学社会科学版)2018年第6期。

温铁军:《农业1.0到农业4.0的演进过程》,《当代农村财经》

2016年第2期。

温铁军等：《乡村振兴战略中产业兴旺的实现方式》，《行政管理改革》2018年第8期。

吴海峰：《乡村产业兴旺的基本特征与实现路径研究》，《中州学刊》2018年第12期。

吴红军等：《中国农村普惠金融研究报告2015：互联网与农商银行》，中国金融出版社2016年版。

吴茜：《基于知识图谱的农业智能问答系统设计与实现》，硕士学位论文，厦门大学，2019年。

现代农业综合体发展战略研究课题组：《现代农业综合体：区域现代农业发展的新平台》，中国农业出版社2017年版。

谢伏瞻等：《新中国经济学研究70年》（下），中国社会科学出版社2019年版。

谢康、肖静华：《面向国家需求的数字经济新问题、新特征与新规律》，《改革》2022年第1期。

谢康等：《生产方式数字化转型与适应性创新——数字经济的创新逻辑（五）》，《北京交通大学学报》（社会科学版）2021年第1期。

熊巧琴、汤珂：《数据要素的界权、交易和定价研究进展》，《经济学动态》2021年第2期。

徐晋、张祥建：《平台经济学初探》，《中国工业经济》2006年第5期。

徐显峰：《我国第三方支付发展研究——基于产业分工与融合的视角》，博士学位论文，西南财经大学，2013年。

徐越：《网络生态视角下电子商务业态发展研究》，博士学位论文，吉林大学，2014年。

许经勇：《农业产业化与城乡一体化》，《北方经济》1996年第4期。

杨汝岱等：《数字经济时代数据性质、产权和竞争》，《财经问题研究》2018 年第 2 期。

杨新铭：《数字经济：传统经济深度转型的经济学逻辑》，《深圳大学学报》（人文社会科学版）2017 年第 4 期。

杨振玲、程巍：《锦州滨海电子商务产业园发展策略》，《沈阳大学学报》（社会科学版）2017 年第 1 期。

余东华、李云汉：《数字经济时代的产业组织创新——以数字技术驱动的产业链群生态体系为例》，《改革》2021 年第 7 期。

余晓洋、郭庆海：《小农户嵌入现代农业：必要性、困境和路径选择》，《农业经济与管理》2019 年第 4 期。

袁树卓等：《乡村产业振兴及其对产业扶贫的发展启示》，《当代经济管理》2019 年第 1 期。

张波：《平台经济视野下众筹观影模式的运行机制与商业创新：以大象点映为例》，《新闻与传播评论》2020 年第 5 期。

张春华：《城乡一体化背景下农业产业化组织形式研究》，博士学位论文，华中师范大学，2012 年。

张峰、宋晓娜：《乡村产业振兴中生产要素双向流动机制解析》，《世界农业》2019 年第 10 期。

张鸿等：《乡村振兴背景下中国数字农业高质量发展水平测度——基于 2015—2019 年全国 31 个省市数据的分析》，《陕西师范大学学报》（哲学社会科学版）2021 年第 3 期。

张建刚：《新时代乡村振兴战略实施路径——产业振兴》，《经济研究参考》2018 年第 13 期。

张来武：《产业融合背景下六次产业的理论与实践》，《中国软科学》2018 年第 5 期。

张来武：《以六次产业理论引领创新创业》，《中国软科学》2016 年第 1 期。

张荣梅等：《基于会员制的绿色农产品供应链模式研究》，《中国管理信息化》2014 年第 14 期。

张荣梅等：《基于农业供应链的农业电子商务发展模式研究》，

《江苏农业科学》，2017 第 7 期。

张荣梅等：《数字平台经济下河北城乡连锁店 O2O 电子商务流通模式研究》，《智慧农业导刊》2023 年第 22 期。

张世贵：《城乡要素市场化配置的协同机理与改革路径》，《中州学刊》2020 年第 11 期。

张昕蔚、蒋长流：《数据的要素化过程及其与传统产业数字化的融合机制研究》，《上海经济研究》2021 年第 3 期。

张学鹏、卢平：《中国农业产业化组织模式研究》，中国社会科学出版社 2011 年版。

张卓元：《中国经济学 40 年》，中国社会科学出版社 2018 年版。

赵德余、顾海英：《从规范经验主义到制度主义——农业产业化研究的文献回顾及研究方法的评论》，《学术月刊》2005 年第 3 期。

郑炎成等：《工商资本投资农业的经典溯源及其实践》，《社会科学动态》2018 年第 9 期。

中国社科院财经战略研究院课题组、荆林波：《电子商务：中国经济发展的新引擎》，《求是》2013 年第 11 期。

钟毅：《五彩田园：乡村建设与城乡统筹发展实践》，广西科学技术出版社 2016 年版。

钟原胜：《淘宝的"魔方"》，《互联网天地》2010 年第 5 期。

周国民：《我国农业大数据应用进展综述》，《农业大数据学报》2019 年第 1 期。

周立群、曹利群：《农村经济组织形态的演变与创新——山东省莱阳市农业产业化调查报告》，《经济研究》2001 年第 1 期。

周阳敏、桑乾坤：《乡村振兴战略背景下产业兴旺问题研究》，《河南工业大学学报》（社会科学版）2018 年第 6 期。

周宇宏：《"互联网+"背景下农村经济的转型和蜕变——基于河北省 6 个典型"淘宝村"的实地考察》，《理论观察》2016 年第

11 期。

朱斌：《基于 Hadoop 的日志统计分析系统的设计与实现》，硕士学位论文，哈尔滨工业大学，2013 年。

朱海波、张学彪：《产业链重塑视角下的电商扶贫路径选择研究——基于建始县农村电商的案例分析》，《中国物价》2018 年第 6 期。

朱海艳：《旅游产业融合模式研究》，中国发展出版社 2015 年版。

朱启臻：《乡村振兴背景下的乡村产业——产业兴旺的一种社会学解释》，《中国农业大学学报》（社会科学版）2018 年第 3 期。

左停、徐秀丽：《奶农收益获取途径及其贫困影响分析——内蒙古自治区某地奶牛发展政策的实证研究》，《农业经济问题》2006 年第 3 期。

网络文献：

北京大学新农村发展研究院、阿里研究院：《县域数字乡村指数（2020）研究报告》，http：//www.360doc.com/content/22/0606/16/766703_1034793220.shtml。

国务院办公厅：《国务院办公厅关于推进农村一二三产业融合发展的指导意见》，中华人民共和国中央人民政府网站，http：//www.gov.cn/zhengce/content/2016-01/04/content_10549.htm。

农业农村部等七部门：《国家质量兴农战略规划（2018—2022 年）》，中华人民共和国农业部网站，http：//www.moa.gov.cn/gk/ghjh_1/201902/t20190218_6172089.htm。

农业农村部：《农业产业化加快转型升级发挥乡村产业领头雁作用》，中华人民共和国中央人民政府网站，http：//www.gov.cn/xinwen/2019-07/08/content_5407150.htm。

农业农村部：《全国农产品加工业与农村一二三产业融合发展规划（2016—2020 年）》，中华人民共和国农业农村部网站，http：//www.moa.gov.cn/nybgb/2016/shierqi/201711/t20171125_5919538.htm。

农业农村部等：《国家质量兴农战略规划（2018—2022年）》，中华人民共和国农业农村部网站，http://www.moa.gov.cn/gk/ghjh_1/201902/t20190218_6172089.htm。

人民网新电商研究院：《农村电商发展趋势报告》，人民网，http://country.people.com.cn/n1/2019/1016/c419842-31403869.html。

商务部市场建设体系司：《关于推进商品交易市场发展平台经济的指导意见》，中华人民共和国商务部网站，http://www.mofcom.gov.cn/article/b/d/201902/20190202838305.shtml。

中共中央、国务院：《乡村振兴战略规划（2018—2022年）》，中华人民共和国中央人民政府网站，http://www.gov.cn/zhengce/2018-09/26/content_5325534.htm。

中共中央、国务院：《中共中央　国务院关于实施乡村振兴战略的意见》，新华网，http://www.xinhuanet.com/politics/2018-02/04/c_1122366449.htm。

中共中央办公厅、国务院办公厅：《数字乡村发展战略纲要》中华人民共和国中央人民政府网站，http://www.gov.cn/zhengce/2019-05/16/content_5392269.htm?from=timeline。

《产业新旧动能转换是一场生产关系变革》，搜狐网，https://www.sohu.com/a/237211005_379902。

中国联合通信网络有限公司：《中国联通数字乡村发展白皮书2.0》，数字菁英网，https://www.digitalelite.cn/h-nd-5529.html。

中国社会科学院社会学研究所、腾讯为村发展实验室、腾讯数字舆情部：《互联网助力乡村振兴战略社会价值研究报告》，互联网数据资讯网，http://www.199it.com/archives/tag/互联网助力乡村振兴战略社会价值研究。

外文文献

Acs Zoltan, J. et al., "The Evolution of the Global Digital Platform Economy: 1971-2021", *Small Business Economics*, 2021, 57 (2).

Bai, X., et al., "Society: Realizing China's urban dream", *Nature*, 2014, 509 (7499), pp. 158-160.

Caillaud, B. and Jullien, B., "Chicken & Egg: Competition among Intermediation Service Providers", *Rand Journal of Economics*, 2003, pp. 309-328.

Cavallo, A., "Are Online and Offline Prices Similar? Evidence from Large Multi-channel Retailers", *American Economic Review*, Vol. 107, No. 1, 2017, pp. 283-303.

Gladwin, C. H., et al., "Rural Entrepreneurship: One Key to Rural Revitalization", *American Journal of Agricultural Economics*, 1989, 71 (5), pp. 1305-1314.

Hoberg, et al., "Text-Based Network Industries and Endogenous Product Differentiation", *Journal of Political Economy*, 2016, 124 (5).

Jones, C. I., Tonetti, C., "Nonrivalry and the Economics of Data", *American Economic Review*, 2020, p. 110.

Jr. Hauser, G., et al., "Website Morphing 2.0: Switching Costs, Partial Exposure, Random Exit, and When to Morph, and When to Morph", *Management Science*, Vol. 60, No. 6, 2014, pp. 1594-1616.

Kenney, M. and Zysman, J., "The Rise of the Platform Economy", *Issues in Science and Technology*, 2016, 32 (3), p. 61.

Korsching, B. et al., "Having All the Right Connections", *Tvb Europe*, 2000, 108 (3), pp. 72-72.

Nonaka, H. and Ono, H., "Revitalization of Rural Economies though the Restructuring the Self-sufficient Realm", *Japan Agricultural Research Quarterly*, 2015, 49 (4), pp. 383-390.

Song, A. K., "The Digital Entrepreneurial Ecosystem: A Critique and Reconfguration", *Small Business Economics*, 2019, 53, pp. 569-590.

Tian, F. S. T., "Big Data based Agricultural Intelligent Comprehensive Service Platform", *International Conference on Wireless Communications and Signal Processing* (*WCSP*), 2021, pp. 1-5.

Reardon, T. Barrett, C., "Agroindustrialization, globalization, and international development: an overview of issues, patterns, and determinants", *Agricultural economics*, 2000, pp. 195-205.

Vargo, et al., "Service-dominant Logic: Continuing the Evolution", *Journal of the Academy of marketing Science*, 2008, pp. 1-10.

致　谢

在本书的编写过程当中，得到了河北经贸大学的张荣梅教授的大力支持，河北经贸大学的李岩、李晓娜、高阳、马鸣晗、马琳、范沛沛、卢志全、陈如烟、王梦媛、原思雨等研究生在资料和案例收集整理、后期处理工作中，为本书提供了帮助和支持，在此表示感谢。作者关于这本书的研究还得到了河北经贸大学管理科学与工程学院、河北经贸大学学术著作出版基金、河北经贸大学长城文化经济带绿色发展研究中心资助，河北省哲学与社会科学规划研究项目"数字经济赋能河北乡村产业振兴可行路径研究"（HB22YJ032）、河北经贸大学科学研究与发展计划基金重点项目"电商平台经济赋能乡村产业振兴的机制和路径研究"（2022ZD06）的支持，在此表示感谢。

胡文岭

2023 年 10 月 11 日